NOTICE

HISTORIQUE

sur

LA VIE ARTISTIQUE ET LES OUVRAGES

DE QUELQUES

ARCHITECTES FRANÇAIS

DU SEIZIÈME SIÈCLE.

PARIS. — TYPOGRAPHIE DE FIRMIN DIDOT FRÈRES, RUE JACOB, 56.

NOTICE

SUR

LA VIE ARTISTIQUE ET LES OUVRAGES

DE QUELQUES

ARCHITECTES FRANÇAIS

DU SEIZIÈME SIÈCLE,

UN VOLUME ORNÉ DE FIGURES

REPRÉSENTANT LES PRINCIPAUX ÉDIFICES QU'ILS ONT CONSTRUITS.

PAR **CALLET** PÈRE,

ARCHITECTE,

NÉ A PARIS LE 10 MARS 1755.

———

PARIS,

CHEZ L'AUTEUR, RUE DE LA VILLE-L'ÉVÊQUE, 58,

ET CHEZ TOUS LES LIBRAIRES.

——

1842.

AVIS AU LECTEUR.

———

Cette Notice, fruit des loisirs de ma longue vieillesse, dans laquelle, à l'aide de nombreuses et minutieuses recherches, je suis parvenu à réunir un grand nombre de renseignements demeurés inconnus jusqu'à ce jour, sur la vie artistique et les ouvrages

de Jean Bullant, de Philibert Delorme, de Jean Delorme son frère, de Jean Goujon, de Pierre Lescot,
de Jacques Androuet du Cerceau, de son fils Baptiste,
ainsi que sur la vie et les ouvrages de Dupérac,
de Primatice et de Serlio, tous architectes français
du XVI⁰ siècle;

Cette Notice, dis-je, dont je ne me suis occupé que
pour me soustraire aux ennuis de l'oisiveté, n'aurait jamais vu le jour, si des personnages recommandables et de grand savoir (1) ne m'eussent engagé à la
faire imprimer, afin que la publicité des faits, appuyée

(1) M. Vaudoyer père, architecte, membre de l'Institut, secrétaire et membre du jury de l'école d'architecture; M. Le Bas,
architecte et membre de l'Institut et du jury; M. Achille Le Clerc,
architecte et membre de l'Institut et du jury; M. Vallot, architecte et ingénieur en chef des ponts et chaussées, et membre du
jury; M. Vaudoyer fils, architecte, ancien pensionnaire de l'Académie de France à Rome, et secrétaire suppléant de l'école d'architecture.

des preuves qu'elle contient, puisse un jour aider dans leurs recherches les savants qui jugeront convenable de la consulter.

Frappé de la justesse de cette observation, c'est alors que, renonçant au projet que j'avais formé de condamner à l'oubli ce mince ouvrage, je me suis déterminé à le faire imprimer, en prenant toutefois la précaution, pour éviter de passer pour un plagiaire, de citer ainsi qu'il suit, et par ordre de date, ce qu'ont dit des divers talents des architectes français de cette époque, les biographes anciens et modernes, dont les noms suivent :

1° MONALDINI.

Ce biographe, dans le volume in-quarto de ses ouvrages, imprimé à Rome, en 1768, lequel a pour titre : *De piu celebri architecti, d'ogni nazione, et d'ogni tempo,*

Affirme que Jean Goujon et Pierre Lescot travail-
lèrent conjointement au Louvre, ainsi qu'à plusieurs
autres édifices;

Mais que Jean Goujon construisit seul la fontaine
des Innocents ainsi qu'une partie de l'hôtel Carnavalet, que l'illustre Mansard termina; qu'il fut de
même, dans l'une des salles du Louvre, dite la salle
des Cent-Suisses, l'architecte d'une espèce de tribune,
supportée par des cariatides de grande dimension;
lesquelles sont fort estimées.

Puis enfin, en parlant de Serlio, ce biographe déclare
seulement que cet architecte travailla à la construction du Louvre, ainsi qu'à celles du château de Fontainebleau, et du palais des Tournelles.

2° MILIZIA.

Dans le tome premier de ses OEuvres, composées

de deux volumes in-octavo, imprimés à Venise, en 1785, ce biographe, ainsi que Monaldini, affirme que Serlio fut employé au Louvre par François 1er;

Mais que le dessin qu'il fit pour cette construction, bien que préférable à celui de Lescot, ne fut cependant point accepté.

Puis, parlant de Jacques Androuet du Cerceau, cet historien rapporte que l'on croit que cet architecte naquit en France, et que, par ordre de Henri III, il construisit le Pont-Neuf; que, de même, il orna la capitale d'un grand nombre de palais, parmi lesquels on remarque particulièrement ceux de Sully et de Mayenne;

Qu'en outre, il donna le dessin de la grande galerie que Henri IV fit ajouter au Louvre, et que l'on a de lui plusieurs ouvrages sur l'architecture : l'un ayant pour titre : Les plus excellents bâtiments de

France; un autre, celui des Édifices romains, et, de plus, des Grotesques, c'est-à-dire, des Arabesques.

Enfin, en parlant de Primatice, Milizia, pour compléter son article sur les architectes français du seizième siècle, affirme qu'il fut le premier qui introduisit en France le bon goût de la peinture et de la sculpture, et qu'en qualité d'architecte, il fut chargé par François Ier de la construction de la grotte de Meudon.

3° M. DARGENVILLE.

Ce biographe, dans le premier volume de ses œuvres, imprimés à Paris, en 1791, en parlant des architectes français de la renaissance, dit 1° que Serlio quitta trop jeune l'Italie pour avoir élevé les monuments que l'on suppose avoir été construits par lui, 2° que François Ier le fit venir en France en 1541, et lui paya en souverain les frais de son voyage; mais

que, quoique bien nourri des beautés de l'antiquité,
cet architecte ne réussit cependant point à les faire
passer dans ses dessins, et que ceux de Lescot furent
jugés supérieurs aux siens.

Puis, dans son article sur Pierre Lescot, ce biographe prétend qu'il fut le premier à bannir le goût
gothique de notre architecture, et à y substituer les
belles proportions de l'antique, ayant reçu de la nature l'inclination qui le porta vers l'art de Vitruve,
art qu'il mit si heureusement en usage, qu'il entra en
lice avec les plus fameux maîtres, tant de l'Italie que
de la France, sur lesquels il eut l'avantage de la vic-
toire; et qu'il paraît que son début fut le dessin du
Louvre, que François Ier fit commencer en 1528,
Lescot n'ayant alors que dix-huit ans; chose que
toutefois M. Dargenville ne veut point affirmer, bien
qu'il assure que c'est Lescot qui décora la salle dite
des Cent-Suisses; et que, de même, il fut l'architecte
de la tribune, et des cariatides qui lui servent de

points d'appui ; qu'enfin, il fut l'architecte de la fontaine des Innocents, commenée sous François Ier, et
terminée sous Henri II, en 1550, et qu'il mourut en
1587, à l'âge d'environ soixante-huit ans.

Parlant ensuite de Philibert Delorme, M. Dargenville déclare que cet architecte n'a pas peu contribué
à établir en France le bon gout de l'architecture, et
qu'à l'âge de quatorze ans il s'empressa d'aller en
Italie étudier les beautés de l'antiquité.

De même il affirme que la portion du château de
Fontainebleau, dite le fer à cheval, fut sa première
entreprise, et qu'il donna ensuite les plans du château d'Anet et de Meudon ; puis qu'il construisit le
château des Tuileries, dans lequel cet architecte déploya les richesses de son génie.

Passant ensuite de Philibert Delorme, à Jacques
Androuet du Cerceau, ce biographe déclare, 1° qu'il

fut du nombre des archictectes français qui, à la faveur du cardinal d'Armagnac, allèrent en Italie;

2° Que Henri III, dont il était l'architecte, lui confia, en 1578, la conduite du Pont-Neuf à Paris;

3° Qu'il bâtit aussi une portion de l'hôtel Carnavalet, celui des Fermes, et plusieurs autres édifices, tant publics que particuliers;

4° Que Henri IV ayant fait agrandir le château du Louvre, ce roi fit, en 1796, continuer, par cet architecte, la galerie entreprise par Charles IX; mais que la tranquillité dont les protestants jouissaient en France ayant été troublée, du Cerceau laissa à Étienne Dupérac, peintre et architecte du roi, le soin de terminer cette galerie, et qu'il se retira hors du royaume, où il mourut, on ignore quelle année, après avoir publié cinq volumes contenant ses œuvres.

4° M. Quatremère de Quincy.

Dans le deuxième volume de son ouvrage ayant
pour titre : *Biographie des plus célèbres architectes*,
de 1050 à 1800, ouvrage composé de deux volumes
grand in-8, imprimés à Paris, en 1830,

Cet académicien, en parlant de Philibert Delorme,
prétend que cet architecte fut le premier qui introduisit, en France, le goût de la bonne architecture;
quoiqu'il pût, dit-il, être devancé, à certains égards,
ou surpassé par quelques architectes français de son
époque, bien qu'il eût l'avantage de se former de
bonne heure sur les grands modèles de l'art de
bâtir.

Puis il ajoute que Catherine de Médicis le chargea
de la construction de son château des Tuileries, mais
toutefois en observant que quelques-uns prétendent

que Jean Bullant a pu partager avec lui la conduite de cette grande entreprise.

Le surplus de cet article sur Philibert Delorme n'étant qu'un long discours sur l'invention et l'emploi de sa nouvelle charpente, discours sans intérêt pour le plus grand nombre de mes lecteurs, j'imiterai en cela le laconisme lacédémonien, avec lequel M. Quatremère de Quincy parle ensuite de Jacques Androuet du Cerceau, page 352 de son Appendice,

En disant simplement qu'Androuet du Cerceau, architecte de Henri IV, construisit le Pont-Neuf, commencé en 1578, lequel ne fut terminé qu'en 1604, par Guillaume Marchand, et qu'il décora Paris de plusieurs grands hôtels, dont il ne reste que le souvenir;

Ensuite qu'il donna, sous le règne de Henri IV, le dessin de la première partie de la grande galerie du château des Tuileries, et qu'il fit imprimer sur son art plusieurs ouvrages, entre lesquels on distingue celui qui s'intitule : *Des plus excellents bâtiments de France*, à Paris, 1576.

Ces utiles et même indispensables annotations étant terminées, je vais, sans différer, entrer de suite en matière, afin que mes lecteurs puissent incontestablement reconnaître qu'il n'existe aucune conformité entre mes récits biographiques et ceux des auteurs que je viens de citer.

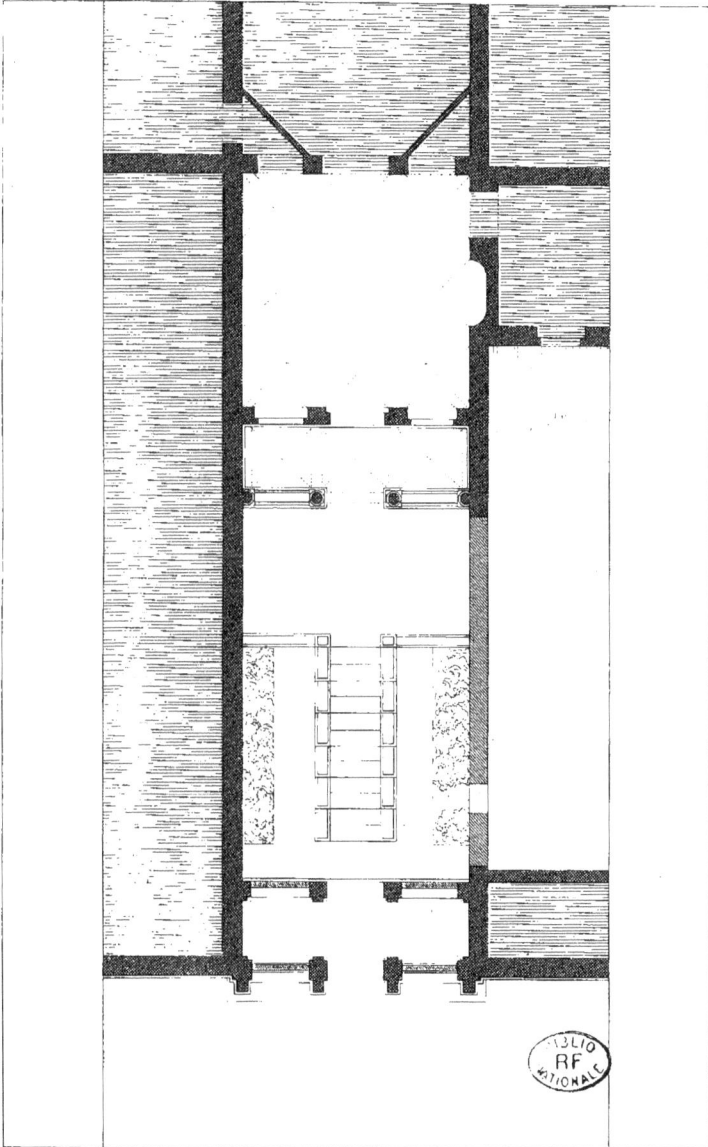

PLAN D'UNE MAISON

Construite et habitée par M. Callet.

Rue de la Pépinière N° 48.

H. Roux aîné Sculp.ᵗ

ÉLÉVATION DE LA MAISON DE Mᴿ CALLET

Coté de la Rue.

NOTICE

HISTORIQUE

SUR

LA VIE ARTISTIQUE ET LES OUVRAGES

DE QUELQUES

ARCHITECTES FRANÇAIS

DU SEIZIÈME SIÈCLE.

⸻◦≈◦⸻

Jean Bullant.

JEAN BULLANT, dont on ignore l'origine, forcé
par son grand âge de renoncer aux exercices de
sa profession d'architecte, s'étant retiré à Écouen,
village dans lequel tout porte à croire qu'il naquit, y mourut en 1598, à l'âge de 78 ans.

1

Commensal de la maison de Montmorency (1), cet architecte, de retour de Rome en 1544, fut chargé en 1545 par le connétable Anne de Montmorency, et conjointement avec Jean Goujon, de la construction du château d'Écouen, château que le connétable fit continuer pendant l'exil auquel l'avait condamné François Ier (2), et qu'il habitait lorsqu'il fut rappelé à la cour par Henri II, aussitôt après son avénement au trône de France, en 1547 (3).

(1) Ainsi qu'il le fait pressentir dans la dédicace qu'il a mise en tête de son Traité d'architecture, imprimé à Paris en 1568.

(2) En 1539, François Ier exila le connétable Anne de Montmorency, pour lui avoir conseillé de permettre à Charles-Quint de traverser la France pour retourner dans ses États, bien qu'en 1536, ce connétable eût battu et presque détruit l'armée de cet empereur, lorsqu'il tenta de s'emparer de Marseille.

Ce fut à ce sujet, dit le président Hénault, que Triboulet, le fou de la cour, ayant écrit sur ses tablettes, que Charles-Quint était plus fou que lui de s'exposer à traverser la France, et que François Ier lui ayant demandé, *Si je le laisse passer sans lui rien faire, que diras-tu? — Cela est bien aisé,* reprit Triboulet, *j'effacerai son nom et j'y mettrai le vôtre.* (Règne de François Ier.)

(3) Henri II, Diane de Poitiers, la reine mère et autres, adressaient fréquemment des lettres de consolation au connétable pendant son exil.

Recueil de lettres de Henri II, de Diane de Poitiers et

PORTE D'ENTRÉE DU CHÂTEAU D'ÉCOUEN.

Le plan de ce château, d'une médiocre importance, n'aurait que faiblement contribué à établir la réputation de capacité dont ont joui jusqu'à ce jour ces deux architectes, si les proportions heureuses de quelques-unes des parties de cet édifice, et si surtout la beauté des détails de ces mêmes parties, ne faisaient encore aujourd'hui, du château d'Écouen, un monument classique d'architecture, malgré les grands changements qu'il a subis avant et depuis la révolution de 1789 (1).

autres, par Gail, 1828, et surtout les lettres inédites de ces personnages, que possède mon ami Fontaine, l'architecte du roi.

(1) Déjà en 1787, le vieux prince de Condé, propriétaire de ce château, avait fait supprimer par M. Le Roi père, son architecte, attendu qu'elle menaçait ruine, la jolie petite colonnade du château d'Écouen, formant galerie, laquelle, parallèle au mur de face de l'entrée principale, conduisait à couvert, de la chapelle au corps de logis renfermant l'habitation particulière du connétable.

Plus tard, Bonaparte ayant converti ce château en maison d'éducation, destinée à recevoir les jeunes demoiselles, filles des officiers supérieurs de son armée, morts dans les combats, ce château éprouva de grands changements dans sa distribution et dans sa décoration, lesquels, surtout, donnèrent lieu à la suppression des ferrures (*) des portes

(*) Je possède quelques-unes de ces ferrures.

2.

Mais si le plan de ce château est de peu d'importance, il n'en est pas de même de celui que
fit Bullant à l'instigation du connétable Anne de
Montmorency, et qu'ensuite ce puissant protecteur présenta et fit accepter par Catherine de
Médicis, au moment où cette reine, dégoûtée du
Louvre qu'elle ne voulait plus habiter avec son
fils Charles IX , depuis qu'il avait ordonné et
fait exécuter le massacre de la Saint-Barthélemi,
et qui n'avait plus à sa disposition, pour changer
de résidence, le palais des Tournelles, qu'elle avait
fait démolir en 1564, prit le parti de remplacer
ce dernier palais par un château (1) dont elle
arrêta la construction, sur un vaste emplacement
occupé en partie par une maison ayant appartenu
à Nicolas de Neuville , auquel François Iᵉʳ l'avait

des appartements, dont les palastres ainsi que ceux des
targettes étaient enrichis d'ornements repoussés avec le
plus grand soin, et à la destruction du carrelage en faïence
de la fabrique de Bernard Palizzi , qui ornait les pièces du
rez-de-chaussée de ce château.

(1) C'est son établissement sur un terrain qui , à cette
époque, se trouvait encore au delà de l'enceinte de Paris,
qui lui a fait donner le nom de Château, et celui des Tuileries,
parce que ce terrain, avant cette construction, était occupé
par des fabricants de tuiles. (Piganiol de la Force, tome II,
p. 364, ed. 1765. — Sainte-Foix, t. II, p. 28, éd. 1762. —
Jaillot, t. I, p. 10, du quartier du Palais-Royal, éd. 1775.)

achetée, pour la donner à sa mère, afin qu'elle pût y rétablir sa santé, et dont le surplus était exploité par un grand nombre de fabricants de tuiles.

Ce plan, le plus académique de cette époque que je connaisse, fut accepté par Catherine de Médicis; mais cette reine de fait, bien qu'elle ne fût que la tutrice de ses enfants mineurs, probablement effrayée de la dépense à laquelle donnerait lieu la construction d'un aussi grand édifice, se contenta de faire exécuter par Delorme, son architecte particulier, la portion de ce plan ayant vue sur le jardin, ainsi qu'un bâtiment à usage d'écurie, sur la face principale duquel Germain Pilon sculpta avec un goût exquis les instruments en usage dans ces sortes d'établissements, ainsi qu'une tête de cheval de ronde-bosse, dans le tympan du fronton couronnant la porte de la principale entrée de ce bâtiment (1).

(1) En floréal an X, mai 1802, lorsque, pour compléter l'alignement de la rue de Rivoli, Napoléon fit démolir cette écurie, M. Heurtault, architecte habile, qui alors était inspecteur en chef des travaux du palais des Tuileries, et qui devint membre de l'Institut, fit enlever avec le plus grand soin ce bas-relief, dont ensuite il orna la porte d'entrée d'un manége qu'il faisait construire rue Saint-Honoré, près de l'église de l'Assomption, manége qui fut ensuite converti en bazar, puis transformé en église catho-

Cependant Catherine de Médicis, dont les caprices égalaient à peine la folle passion qu'elle avait pour l'astrologie, ayant ajouté foi aux fourberies de ses adeptes, qui lui avaient prédit que tout ce qui portait le nom de Germain lui serait funeste, se dégoûta tout à coup de son château des Tuileries, parce qu'il était construit sur des terrains faisant partie de la censive de la paroisse de Saint-Germain l'Auxerrois, et prit de suite la résolution de changer de résidence pour échapper aux dangers dont elle se croyait menacée.

Mais comme, pendant la construction de ce château, Catherine de Médicis avait été à même de se convaincre de la médiocrité des talents de Philibert Delorme, en architecture, ce fut alors, et sans lui tenir compte du langage servile dont il avait fait usage, pour lui être agréable, pendant toute la durée de cette construction, que cette reine chargea seul Bullant, que Henri II venait

lique française, et enfin en une salle de bals et de concerts, dirigés par le sieur Musard, qui depuis a transporté cet établissement rue Neuve-Vivienne, près le boulevard.

C'est à ces divers changements, depuis la mort de M. Heurtault, que doit être attribuée la destruction de ce beau bas-relief, que l'on aurait dû conserver, comme étant en ce genre l'un des chefs-d'œuvre de la sculpture du XVIe siècle.

de nommer contrôleur des bâtiments de la couronne (1), et dont en outre le beau plan du château
qu'elle venait à peine de terminer, lui avait révélé
le grand talent, de lui construire dans Paris un
nouveau palais, sur un terrain ayant pour limites les rues du Bouloy, Coquillère et du Four-
Saint-Honoré, ainsi que celle des Deux-Écus, dans
laquelle Bullant plaça la porte de la principale
entrée de cet édifice, et dans l'angle à gauche de
la cour, la colonne astrologique que l'on voit
maintenant engagée dans le mur de face extérieur de la halle aux blés (2).

(1) Par lettres patentes données à Saint-Germain en Laye,
le 25 octobre 1557, Henri II nomma Bullant contrôleur des
bâtiments, maisons et édifices qu'il fera bâtir, en remplace-
ment de Pierre Deshôtels que son grand âge empêche de
vaquer aux fonctions de son emploi (*).

(2) Sur ce vaste emplacement et pour l'agrément particulier de l'habitation de Catherine de Médicis, Bullant avait
disposé, côté de la rue du Four-Saint-Honoré, un parterre
avec bassin et eaux jaillissantes, au centre desquelles, sur
des points d'appui en marbre blanc, richement ornés de
sculptures, reposait une figure de Vénus nue et de même
marbre, chef-d'œuvre de sculpture de Jean Goujon, ainsi
que l'affirment M. Terrasson dans son ouvrage intitulé :
Mélanges d'histoire et de littérature, édition de 1768 ; Ger-

(*) Bibliothèque du roi, supplément n° 128, vol. 264.

La richesse et l'élégance de la chapelle que
Bullant avait construite sur ce terrain, à l'angle
des rues du Bouloy et Coquillère, pour l'usage
de ce palais; l'adresse avec laquelle il avait su
réunir sans beaucoup de dépenses tous les anciens corps de logis isolés et éparpillés sur ce
vaste emplacement, pour faire du tout un monu-

main Brice, t. 1, p. 478, et Piganiol de la Force, t. III, p.
244 : figure dont je possède une jolie maquette.

Nota. Ce palais, d'abord appelé Hôtel de la reine, prit celui de
Soissons, en suite de l'acquisition qu'en fit en 1604, Charles de
Soissons, fils de Louis de Bourbon, premier prince de Condé;
nom qu'il a gardé jusqu'à l'époque de son entière démolition.

C'est sur l'emplacement de ce palais qu'ont été construite la
halle aux blés et les maisons dont elle est entourée. Ces constructions, commencées en 1763, sous la direction de l'architecte
Camus de Mézières, mon petit parent, furent terminées en 1767.

Nota. La portion de cette halle qui, dans l'origine, formait au
centre une cour découverte, cessa de l'être en 1782, et devint
une annexe grandement utile à cette halle, par suite de la construction d'un comble à la manière de ceux de Philibert Delorme,
dont la couvrirent les architectes Molinos et Le Grand.

Depuis, en 1802, le feu ayant pris à la charpente de ce comble,
par la maladresse d'un plombier qui, avant d'aller déjeuner, avait
négligé d'éteindre le feu dont il s'était servi pour réparer les cre-
vasses du chéneau recevant les eaux de ce comble, cette couverture construite en sapin fut entièrement réduite en cendres.

Ce ne fut qu'en juillet 1811 qu'une nouvelle couverture en fer,

ment d'une grande importance (1), lui ayant
attiré complétement la confiance de Catherine de

de l'invention de l'architecte Bélanger, remplaça la première, laquelle ne fut terminée que le 5 juillet 1813.

Nota. C'est à M. de Bachaumont que l'on est redevable de la
conservation de la colonne astrologique construite par Bullant,
par ordre de Catherine de Médicis, dans la première cour d'entrée
de ce palais. Cette colonne, actuellement engagée dans le mur
extérieur de la halle aux blés, fut achetée 1800 fr. par cet honorable citoyen et amateur aux entrepreneurs qui allaient la démolir. Il la donna gratuitement à la ville de Paris, à la charge
de la conserver. (Jaillot, t. 11; et Piganiol de la Force, t. 111, p. 243.)

(1) M. Terrasson, dans son ouvrage intitulé : *Mélanges
d'histoire et de littérature,* édit. de 1768, ayant joint à son
volume deux plans fort inexacts de l'Hôtel de la reine, je
préviens les personnes qui désireraient connaître complétement le parti qu'avait tiré Bullant des constructions éparses
qui existaient sur cet emplacement, pour n'en faire qu'un
tout, qu'il existe de cet hôtel une vue du côté du jardin,
gravée par Israël Silvestre, vue que l'on trouve dans le
cabinet des estampes de la Bibliothèque royale, portefeuille
1811, ainsi qu'un plan de cet hôtel, gravé sur une grande
échelle.

Nota. Piganiol de la Force, t. 11, p. 364, observe, au sujet de ce
nouveau palais, que, malgré toutes les précautions que Catherine
de Médicis avait prises pour se soustraire aux dangers auxquels
pouvaient l'exposer, suivant elle, les personnes et les lieux qui
portaient le nom de Germain, que ce fut Julien de Saint-Germain, évêque de Nazareth *in partibus* et abbé de Saint-Chalis,
qui l'assista à sa mort, et qu'elle fut peu regrettée.

Médicis, cette reine ensuite le chargea de convertir en une habitation digne de la recevoir, le modeste château de Chenonceau, où s'était retirée Diane de Poitiers, après la mort de Henri II; château bâti en grande partie sur un pont construit au milieu de la rivière de Cherffe (1), ainsi que la nomme du Cerceau, et qu'elle venait d'échanger avec cette femme galante, contre celui de Chaumont qui lui appartenait (2).

Pour répondre aux désirs de cette princesse, Bullant fit de suite, et avec le plus grand succès, le beau plan des constructions additionnelles et indispensables à ajouter à ce nouveau manoir; plan qui toutefois ne fut exécuté qu'incomplétement, à cause des guerres civiles qui désolaient la France, et de la mort de Catherine de Médicis, arrivée à Blois, le 2 janvier 1589, mais plan qu'heureusement pour les arts, du Cerceau nous

---

(1) Cette rivière traverse une partie de la Touraine, à présent département d'Indre-et-Loire.

(2) Diane de Poitiers, dit Brantôme, ne consentit à cet échange qu'après avoir obtenu de Catherine de Médicis la permission de reparaître à la cour; permission qu'elle obtint et dont elle usa largement jusqu'à sa mort, arrivée le 26 avril 1566, car elle n'y était point déplacée, bien qu'elle eût alors plus de 66 ans. (*Femmes galantes*, édit. de 1822.)

a conservé dans le second volume de ses plus excellents bâtiments de France.

Toutefois, si d'abord Bullant dut éprouver quelques regrets de n'avoir point exécuté complétement les constructions dont l'avait chargé Catherine de Médicis, cependant il est permis de croire que ses regrets furent de peu de durée, puisque ces travaux lui ayant attiré la confiance de Henri III, ce prince non-seulement le confirma dans ses fonctions de contrôleur des bâtiments de la couronne, mais encore lui confia le soin de terminer le tombeau des Valois, à Saint-Denis, d'abord commencé par Philibert Delorme, en 1560, d'après les dessins de Primatice, abbé de Saint-Martin de Troy (1); puis, après la mort de cet architecte, continué et presque de suite abandonné par Jacques Audrouet du Cerceau, au moment où cet habile artiste prit le parti de retourner à Turin, pour se soustraire aux exigences de ce roi, qui voulait le forcer à changer de religion;

Et qu'enfin le roi de Navarre, depuis Henri IV, qui se rendait fréquemment aux fêtes lubriques (2) que Catherine de Médicis donnait à

_____

(1) Israël Silvestre, vol. obl., édit. de 1646.

(2) Il faut lire dans Brantôme et de l'Estoile ce qu'ils

Chenonceau aux chefs du parti protestant qu'elle
voulait attirer dans le sien, ayant été à même
de remarquer les talents que Bullant avait déployés dans cette importante restauration, le
chargea, en 1596, lorsqu'il fut parvenu à la
couronne de France, de la construction des cinq
premiers frontons de la galerie du Louvre, côté
de la rivière, à la suite du pavillon de Flore (1),

---

disent de ces fêtes, et surtout Brantôme qui y assistait ré-
gulièrement.

Ces historiens affirment que les femmes et surtout les
demoiselles de la cour de Catherine de Médicis qui y étaient
admises, y paraissaient à moitié nues, et que les parties de
leurs corps qui étaient cachées, n'étaient recouvertes que
par des étoffes transparentes, et qu'elles cherchaient par
toutes sortes d'agaceries à irriter les passions des chefs du
parti protestant, que cette reine voulait attirer dans le sien.

Brantôme ajoute : qu'elles étaient si attrayantes, qu'il
était très-difficile d'y résister, car elles étaient toutes bas-
tantes pour mettre le feu par tout le monde. (Édit. de 1788,
t. II, p. 308.)

L'une de ces fêtes, dit toujours Brantôme, ainsi que de
l'Estoile, donnée par Catherine de Médicis, le 15 mai 1577,
coûta près de 100,000 francs, lesquels feraient aujourd'hui
plus de 300,000 francs.

(1) Note d'Étienne Duchesne, prévôt des bâtiments du
roi, écrite par lui au bas de la vue de la galerie du Louvre,
côté de la rivière, laquelle fait partie d'un volume de l'œuvre

dont il avait précédemment confié l'exécution à
Duperac, son architecte ; travaux que Bullant
n'acheva point, mais lesquels, après sa retraite à
Écouen et la mort de Duperac, arrivée en 1601,
furent terminés par Jean-Baptiste du Cerceau,
qui devint, par ce fait, l'architecte de Henri IV.

du grand Marot, qui lui a appartenu, et que je possède ;
volume très-rare, dit M. Quatremère de Quincy.

OUVRAGES PUBLIÉS

En 1563 Bullant publia à Écouen un traité intitulé : *Règles générales d'Architecture des cinq manières de colonnes*, savoir : *Tuscane, Dorique, Ionique, Corinthe et Composite;*

Puis, en 1567, un *Traité de Géométrie et d'Horlogiographie*, qu'il dédia à son protecteur Anne de Montmorency, dont il fit, la même année, le beau mausolée que l'on voyait à Paris dans l'église des Célestins, avant la suppression des maisons religieuses en 1789, traité dont il s'était occupé à Écouen dans ses moments de loisir, ainsi qu'il le déclare dans sa Dédicace à François de Montmorency, fils du connétable, en lui présentant, en 1568, la seconde édition de son premier *Traité des cinq manières de Colonnes*, qu'il venait de faire réimprimer avec additions.

Ouvrage très-estimé par Roland Fréart de Chambray, auteur du Parallèle de l'Architecture antique et de la moderne.

Philibert Delorme.

PHILIBERT DELORME, fils d'un entrepreneur de
travaux publics (1), naquit à Lyon, en 1518.

Dévot par goût ou par spéculation, mais à
coup sûr grandement hypocrite, Delorme se
livra de bonne heure à l'étude de la stéréotomie,
ainsi qu'il le déclare, page 91 de son volume
sur la Construction, édition de 1648;

---

(1) Satire de Ronsard, ayant pour titre : *La Truelle
crossée.*

Science qu'il ne dit point avoir retrouvée, *mais qu'il affirme, au contraire, avoir trouvée avec grand labeur et aide de géométrie.*

Cette affirmation, qui, pour nous, n'est qu'une première preuve de la prétention qu'avait De-lorme à passer pour le plus savant architecte de son époque, a dû, lorsqu'il parlait publiquement de sa découverte, provoquer des sourires peu propres à satisfaire son amour-propre ;

Puisqu'il était constant pour le plus grand nombre de ceux qui l'écoutaient, ainsi qu'il est constant pour nous, que surtout les architectes qui, pendant les premiers siècles du christianisme, couvrirent l'Europe de cathédrales, possédaient parfaitement la science du trait ou de l'appareil, que nous nommons stéréotomie, et qu'ils l'avaient souvent employée avec beaucoup de goût, et toujours avec un succès incontestable :

Science, au surplus, à laquelle, à défaut de celle théorique de l'architecture, dont il n'avait qu'une très-imparfaite connaissance, ainsi que le prouve son traité sur cet art, comparé à ceux de Palladio, de Scamozzi et autres, Delorme attachait une telle importance, qu'il a consacré soixante pages de son volume à nous en expliquer très-obscurément les procédés pratiques.

Ce fut probablement à l'avantage qu'il avait

de bien connaître cette partie de l'art de la bâtisse, *que son père, bien qu'il n'eût encore que
quinze ans, consentit à lui donner le droit de
commander tous les jours à plus de trois cents
hommes,* ainsi qu'il le déclare, page 307 verso de
son volume.

Tout jeune encore, comme il le dit également,
pages 131 et 197, Delorme alla à Rome, en 1533,
avec l'intention de se livrer à l'étude de l'architecture. Mais il paraît qu'à peine arrivé dans cette
ville, il y fit de suite la connaissance du cardinal
Sainte-Croix, dont il devint l'un des familiers, et
que cette connaissance inattendue, mais pour
lui de la plus grande importance, le détermina à
négliger ses études pour se livrer spécialement
aux habitudes religieuses de sa nouvelle con-
dition, puisque, pendant le séjour qu'il fit dans
cette ville, Delorme se contenta de dessiner, ainsi
qu'il le déclare, mais tant bien que mal, quelques portions des monuments antiques (1) dont

(1) Noms des monuments antiques que Delorme, dans
son volume, dit avoir dessinés et mesurés pendant les trois
années de son séjour à Rome.

Une partie du portique du Panthéon, le temple de la
Paix, Saint-Praxide, les trois colonnes du Campo Vacchine,
un fragment d'une corniche près du Colisée, l'ordre com-

Rome est encore grandement pourvue, malgré
le nombre considérable de ceux stupidement
détruits par des chefs mêmes de ce singulier
gouvernement (1).

Toutefois, s'il est permis de croire que Delorme,
comme architecte, profita peu de son voyage à
Rome, cependant il est juste de reconnaître que
la vie flâneuse qu'il dut mener dans cette ville
n'a pas été pour nous sans utilité, puisque c'est
à cette manière d'employer la plus grande partie
de son temps que nous lui sommes redevables,
ainsi qu'il le déclare, page 163 verso, de la
découverte qu'il fit, *en allant visiter l'église de
Notre-Dame de Transtevere*, du procédé employé par les anciens sculpteurs pour tracer
promptement et avec précision la volute du chapiteau ionique, procédé dont nous faisons pré-
sentement usage pour parvenir aux mêmes fins,
lorsqu'il en est besoin (2).

posite aux arcs de triomphe, et le chapiteau ionique non
terminé dans l'église de Notre-Dame de Transtevere.

(1) Les palais Barberini, Corsini et Altieri à Rome, ont
été particulièrement construits avec des matériaux provenant des démolitions du Colisée, exécutées à différentes
époques, par les premiers fonctionnaires du gouvernement
pontifical.

(2) Octave Bertotti Scamozzi, que je crois être l'auteur de

De retour de Rome en 1536, Delorme, ainsi
que je l'ai dit, devenu dévot par goût ou par
spéculation, et plus adroit courtisan qu'habile
dessinateur, fut chargé par ses concitoyens, et
peut-être à cause des sentiments religieux dont
il affectait de faire parade, de la construction du
portail de l'église de Saint-Nizier, et non Saint-
Dizier, ainsi que l'écrit M. Quatremère de Quincy;
portail qu'il n'a point terminé, mais dont le
plan et les détails, exécutés par lui, sont peu
propres à donner une haute idée de ses talents
en architecture.

la préface non signée que l'on trouve en tête de la grande
édition de Palladio, imprimée à Vicence, en 1776, prétend
que cet architecte, dans l'un des voyages qu'il fit à Rome,
fut le premier qui découvrit le procédé employé par les
anciens sculpteurs, pour tracer correctement la volute du
chapiteau ionique, ainsi qu'il est figuré sur celui masse de
l'une des colonnes en marbre de l'église de Transtevere.

Mais c'est à tort que cet éditeur attribue à Palladio
l'honneur de cette première découverte, laquelle appartient de droit à Philibert Delorme, ainsi que le prouve la
lecture de la page 162 de son volume, lequel, à cet égard,
ne peut être suspecté de plagiat, puisqu'il était de retour
de Rome en 1536, et qu'il publia la première édition de ses
œuvres en 1567;

Tandis que Palladio, suivant M. Témanza, son historien,
n'alla à Rome, pour la première fois, qu'en 1549, et qu'il
ne fit imprimer qu'en 1570 le premier vol. de ses œuvres.

2.

Ce fut de même à cette époque qu'il fut chargé
par le général de *Bretaigne,* M. *Billau,* d'établir
sur le mur extérieur et de clôture de son hôtel,
sis à Lyon, rue de la Juifrie, une communication
facile entre les deux corps de logis en ailes de
cet hôtel; construction pour laquelle Delorme
déploya toutes les ressources de la stéréotomie,
en élevant deux trompes en saillie sur la rue,
lesquelles servent de points d'appui à deux pavillons décorés d'un ordre dorique, liés entre
eux par une galerie donnant deux entrées faciles
aux bâtiments en ailes dont il vient d'être parlé.

La construction hardie de ces deux trompes,
et la galerie qui les réunit, composée d'arcades
cintrées en anse de panier, mais enrichies à l'extérieur d'un ordre ionique d'une jolie proportion
et bien exécuté, feraient beaucoup d'honneur
à Philibert Delorme, si la pensée et les détails
de ce petit monument architectural n'étaient
l'œuvre de Jean Delorme, son frère, habile architecte, ainsi que j'aurai l'occasion de le prouver
dans le cours de cette notice.

Peu de temps après cet heureux début, Delorme ayant été recommandé à Catherine de
Médicis, par le cardinal du Bellay, qui lui-même
avait reçu cette mission du cardinal Sainte-Croix,
son protecteur, lequel postérieurement devint

pape sous le nom de Marcel II, cette reine le fit
venir à Paris.

Puis, en femme exercée, ayant promptement
reconnu dans son nouveau protégé une tendance
très-prononcée à lui être agréable, cette reine,
pour se l'attacher par la reconnaissance, usant
de l'ascendant qu'elle avait sur l'esprit de son
royal époux, le chargea avec Primatice de la
construction du tombeau de François Ier, à Saint-
Denis.

L'exécution d'un monument de cette importance, confiée à ce tout jeune homme, ainsi que
les travaux considérables (1) dont il fut ensuite

(1) Le tombeau des Valois à Saint-Denis, détruit en 1719,
sous le vain prétexte qu'il menaçait ruine, ne le fut réelle-
ment qu'avec l'intention d'effacer, autant que possible,
tout ce qui pouvait rappeler le souvenir de la branche des
Valois.

Le château de Meudon, près de Paris, d'abord construit
par lui pour le cardinal de Lorraine, fut ensuite acheté
par Louis XIV, qui le fit démolir en grande partie, puis
ensuite reconstruire sur un nouveau plan, par 'Mansard,
pour en faire la demeure du grand dauphin, son fils.

Mais il ne fit point de changements dans le vieux château de Saint-Germain en Laye, ainsi que le prétendent
quelques historiens,

Attendu que cette colossale construction, d'abord commencée en 1122, par Louis VI, dit le Gros, puis détruite

chargé, toujours à la recommandation de Catherine de Médicis ;

en 1346, par Édouard III, roi d'Angleterre, lorsqu'il fit la
guerre à Philippe de Valois, pour venger la mort de Clisson,
son favori, que ce roi avait fait assassiner, ne fut ensuite réédi-
fiée qu'en partie, en 1370, sur les anciens vestiges, par Charles VII, et enfin terminée en 1542, par François Ier, qui l'habita.

Depuis, Louis XIV, qui y demeura, après avoir ajouté
les cinq pavillons entourés de fossés qu'il fit construire
pour y loger ses courtisans et ses valets, pavillons qui font
de ce château une espèce de forteresse, l'abandonna pour
aller habiter son nouveau château de Versailles lorsqu'il fut
terminé.

*Nota. Ces renseignements sur l'origine et les divers accroissements
du château vieux de Saint-Germain en Laye sont extraits d'un
manuscrit portant le nom de Pierre Guéroult, lequel fait partie de
ma bibliothèque.*

De même, par ordre de Henri II, Delorme exhaussa de
deux étages carrés le château de Madrid, dans le bois de
Boulogne, près Paris.

Mais bien que ce château fût déjà composé d'un rez-de-
chaussée et d'un premier étage, distribués en grands et
beaux appartements, et, de plus, ornés à l'extérieur de
riches compartiments en faïence, exécutés par Bernard Pa-
lissi,

Cependant Delorme dédaigna, pour ne faire du tout
qu'un seul et même édifice, de soumettre sa nouvelle construction à ce genre de décoration ; défaut de jugement qui
produisait à la vue un effet désagréable.

Nota. Ce château, construit, à l'instar de celui de Madrid, par

Les dotations cléricales dont elle l'avait ac-

François Ier, en 1529, après son retour d'Espagne, en 1526, sui-vant le président Hénault, et en 1527, suivant le P. Lobineau, où Charles-Quint l'avait retenu prisonnier, après la bataille de Pavie, que ce roi perdit le 25 février 1525 (*).

Bien que, dans l'état de délabrement où l'avaient laissé tomber, à ma connaissance, les gouvernements de Louis XV et de Louis XVI, ce château était encore, avant la révolution de 1789, le monument le plus curieux des environs de Paris.

Situé dans la partie la plus agréable du bois de Boulogne, il était le rendez-vous de l'élégante jeunesse parisienne, qui avait contracté la joyeuse habitude d'aller le visiter clandestinement, et presque tou-jours accompagnée de jeunes beautés d'un caractère très-accommo-dant.

Ce château, témoin de tant d'aveux et de serments de

(*) Le président Hénault, en parlant de cette bataille, page 484 du volume de ses œuvres, ayant pour titre : *Nouvel Abrégé chronologique de l'histoire de France*, édition de 1775, a commis, ainsi que beaucoup d'historiens, une double erreur, qu'il est important de rectifier, afin d'en arrêter la propagation.

La première, en disant que la lettre adressée par François Ier à la duchesse d'Angoulême, pour lui annoncer la perte de la bataille de Pavie, avait été spon-tanément écrite sur le champ de bataille.

Puisque cette lettre ne fut écrite par François Ier que dans la prison de Madrid, où le tenait enfermé Charles-Quint, depuis que ce roi était devenu son prisonnier.

La seconde, en affirmant que François Ier avait terminé cette lettre par ces mots fameux, inventés à plaisir par ces historiens, en disant : *Tout est perdu, hormis ou fors l'honneur.*

Ce qui est tout à fait contraire au contenu de la lettre autographe écrite à ce sujet, par François Ier à madame d'Angoulême, lettre que possède mon ami Fontaine, l'architecte du roi, et dans laquelle il est simplement dit : *Pour vous faire savoir, Madame, comme se pourte le reste de mon infortune, c'est que, de toutes choses, ne m'est demouré que l'honneur et la vie sauve.*

cablé (1) ; la place d'inspecteur général des bâtiments de la couronne, à laquelle Henri II l'avait
nommé par lettres patentes données à Fontainebleau, le 3 avril 1548 (2) ; le titre de super-intendant des bâtiments de la couronne, qu'ensuite

circonstance, estimé par moi, comme domaine national,
a été vendu et démoli en 1792.

Nota. Le P. Lobineau, dans son Histoire de Paris, page 979,
dit, au sujet de ce château : *que François 1ᵉʳ, revenant de Madrid,
et voulant entrer triomphalement dans Paris, donna ordre au prévôt
des marchands, aux échevins et aux maîtres d'école, de tenir réunis aux divers endroits publics où il devait passer, des groupes de
quatre-vingts à cent enfants, pour crier vive le roi.*

Cris adulateurs, dont les courtisans ont fait et font encore un
prodigue usage, pour flagorner indistinctement tous les rois qui,
depuis cette époque, ont gouverné la France, et sans s'inquiéter
aucunement de l'affection plus ou moins grande que le peuple a
pour ces gouvernants.

(1) Bien que simple tonsuré, il était aumônier du roi,
abbé de Saint-Serges-lez-Angers, de Saint-Éloi-lez-Noyons,
et d'Ivry.

Mais il paraît qu'après la mort de Henri II, son protecteur, il fut dépossédé de ces deux derniers bénéfices,
par les successeurs de ce roi, puisque, lorsqu'il fit imprimer
la seconde édition de ses œuvres, il ne prit alors que les
seuls titres d'aumônier du roi et d'abbé de Saint-Serges-lez-
Angers.

(2) Manuscrit de la Bibliothèque royale, Supplément 182,
verso 158.

ce roi lui avait conféré de même qu'à son frère
Jean Delorme, ainsi qu'il appert à la page 27 et
suivante :

Toutes ces faveurs accumulées successivement,
et avec une sorte d'affectation, sur la tête de Delorme, lui suscitèrent de nombreux ennemis, qui,
les uns jaloux de la célébrité plus que douteuse
dont il jouissait comme architecte, et les autres,
envieux de la fortune considérable qu'il avait
acquise aussi promptement, se réunirent pour le
déconsidérer dans l'opinion publique; les premiers en lui refusant hautement le titre d'architecte, pour ne lui laisser que celui d'intelligent
conducteur de bâtiments, et les autres en le faisant passer pour un homme à dévotion suspecte
et par trop rétribuée.

A ces discours haineux et répétés sans cesse,
se joignirent les mauvaises plaisanteries des charpentiers de bâtiment, que Delorme menaçait
d'une ruine future, en vantant partout avec son
assurance ordinaire la supériorité de son nouveau système de charpente,

Lorsque, instruits pour la première fois, en
1549, que cet architecte avait fait usage de cette
nouvelle charpente pour couvrir la terrasse du
pavillon renfermant le principal escalier du châ-

teau de la Muette, dans la forêt de Saint-Germain
en Laye,

Ils apprirent ensuite que ce comble s'était
affaissé tout à coup, et que dans sa chute, ayant
écrasé cette terrasse, l'un et l'autre, en tombant
simultanément sur les marches en pierre de cet
escalier, les avaient complétement brisées (1) :

Événement qui causa de si vifs chagrins à
François II, qui affectionnait particulièrement
cette résidence, que pour punir Delorme d'avoir,
par excès de confiance dans sa prétendue découverte, occasionné une dégradation aussi considérable, prit le parti, par des lettres patentes
données à Paris le 12 juillet 1559 (2), le surlen-

(1) Delorme, pour se disculper autant que possible de
la faute qu'il avait commise, en couvrant, ainsi qu'il l'avait
fait, l'un des pavillons du château de la Muette, se contente
de déclarer, page 292 verso de son volume, que la chute de
ce comble ne peut être attribuée qu'à l'inexpérience des
ouvriers qu'il avait employés pour l'exécuter.   .

(2) *Ordonnance de François II.* « Nous François II, ce 12
juillet 1559, le premier de notre règne, par ces présentes
donnons pouvoir à Francisque Primadicis de Bologne en
Italie, abbé de Saint-Martin de Troyes, entendu en l'art
d'architecture, dont il a fait plusieurs grandes preuves en
divers bâtiments, pour avoir la super-intendance des bâtiments, et terminer ceux commencés par François 1er et

demain de son avénement au trône, de le dépos-
séder, ainsi que son frère Jean Delorme, de la
place de super-intendant des bâtiments de la
couronne, *pour en conférer ensuite les fonctions
à Primatice, avec le droit de parachever seul la
sépulture de François Ier*, que Delorme, construisait conjointement avec ce nouveau protégé, *ex-*

Henri II, notre aïeul et père, et non achevés, hormis celui
de notre château du Louvre, tout ainsi et en la propre
forme et manière que ont ci-devant fait et ordonné maître
Philibert Delorme, abbé d'Ivry, et Jean Delorme, son frère,
du vivant de notre seigneur et père, lesquels, pour aucunes
causes et considérations à ce nous mouvant, nous avons
déchargés et déchargeons de ladite charge et commission.
Et afin de donner moyen audit maître Francisque Primadicis, de se pouvoir entretenir en l'exercice de ladite charge,
et supporter les grandes dépenses qu'il conviendra, nous
lui avons ordonné et ordonnons par ces présentes, la somme
de 1200 fr. par an de gages ordinaires, que souloient avoir
et prendre du vivant de notredit feu et père, lesdits Philibert et Jean Delorme, frères, commis à ladite charge et
super-intendance de nos bâtiments, etc. » Bibliothèque
royale, Supplément n° 182, fol. 329.

Nota. A l'égard du surplus de cette ordonnance, comme ses
conclusions sont pleines de redites, en tout semblables à celles
des autres lettres patentes que j'ai déjà relatées dans le cours de
cet ouvrage, je déclare que je les ai supprimées pour ne point
ennuyer mes lecteurs.

cepté toutefois notre châtel du Louvre, ainsi qu'il est énoncé dans ces lettres patentes.

Mais si, malgré ces divers désagréments, Delorme, que Catherine de Médicis protégeait ouvertement, put encore opposer pendant quelque temps cette puissante protection aux récriminations et aux mauvaises plaisanteries de ses ennemis, puisque, sans avoir égard aux motifs qui avaient déterminé François II à l'éloigner de la cour, cette reine l'y avait rappelé, pour lui confier la construction du château des Tuileries,

Cependant il paraît que, nonobstant cette royale protection, Delorme enfin succomba sous le poids du ridicule dont le couvrit ensuite Ronsard, lorsque, pour se venger de l'insulte que cet architecte lui avait faite, en lui refusant l'entrée du château et du jardin des Tuileries, lorsqu'il en terminait les travaux, ce poëte publia sa fameuse satire, connue sous le nom de la Truelle crossée, dont j'ai fait mention précédemment, puisque ce fut à dater de cette époque qu'accablé de chagrins, ainsi qu'il le déclare page 307 de son volume (1), Delorme renonça aux

(1) Delorme, page 307 verso de son vol., en parlant d'un pont d'une très-grande dimension qu'il pourrait faire exécuter, en n'employant que son nouveau système de char-

MAISON DE PHILIBERT DELORME

Vue du Coté du Jardin .

H. Rour ainé Sculp.

MAISON DE PHILIBERT DELORME

Vue du Coté de la Cour.

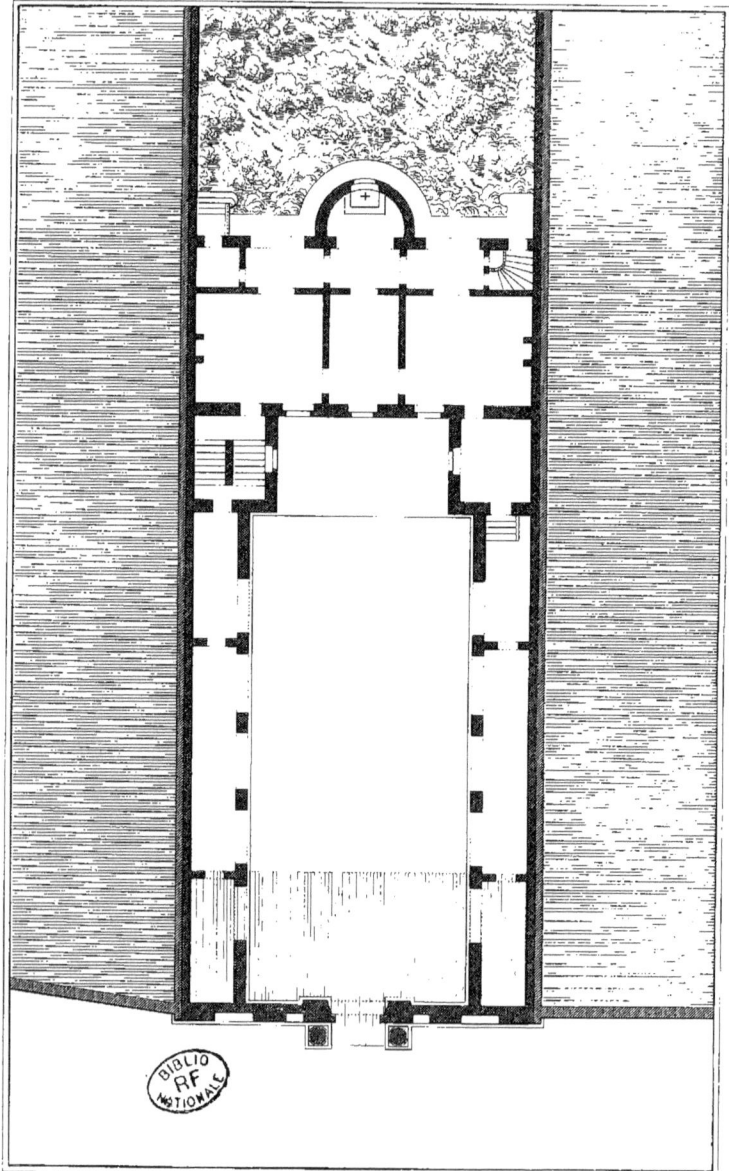

PLAN DE LA MAISON DE PHILIBERT DELORME.

Rue de la Cerisaie, N° 8.

affaires, pour ne s'occuper que du tombeau des
Valois à Saint-Denis, qu'il construisait d'après
les dessins de Primatice, abbé de Saint-Martin
de Troyes, son compétiteur, comme le prouve
une gravure de ce monument par Jean Marot (1);
ainsi que de ses deux traités sur la construction;
de terminer la chapelle des orfévres, rue des
Orfévres, à Paris, n° 4, et surtout la ridicule façade de sa maison, côté du jardin, sise même
ville, rue de la Cerisaie, n° 8, dans laquelle il mourut, le 30 mai 1577, à l'âge de cinquante-neuf ans.

Toutefois, malgré ce que je viens de dire de
Delorme et de ses prétendus talents en architecture, cependant, à la vue d'un aussi grand nombre
de monuments importants dont il se dit l'architecte, et parmi lesquels on remarque spécialement
le château de Meudon, les additions qu'il fit au
château de Villers-Cotterets, celles du château de

pente, ainsi que d'autres inventions qu'il a trouvées, dit
ensuite *qu'il les mettra au grand jour,*

*S'il plaît à Dieu me donner l'esprit plus libre, et me met-
tre hors de tous les ennuis et traverses que l'on m'a donnés,
depuis le trépas du feu Henri II, mon très-souverain seigneur
et bon maître.*

Puis en marge, il ajoute : *L'auteur vexé par aucuns ma-
licieux et envieux.*

(1) Jean Marot, un vol. oblong, imprimé à Paris en 1665.

Fontainebleau; les travaux du château de Madrid,
dans le bois de Boulogne; ceux du château de
Saint-Maur des Fossés; la galerie de l'hôtel du
général Billau, à Lyon; et autres qu'il affirme
avoir construits sans aucun secours étranger;

A la vue, dis-je, de ce grand nombre de monuments, je déclare que je me serais sincèrement
réuni à ses admirateurs, et que comme eux j'au-
rais payé à Delorme mon tribut d'éloges et même
d'admiration, si les recherches auxquelles je me
suis livré pour asseoir avec certitude mon jugement sur les talents tant contestés de cet architecte, ne m'eussent fait connaître et même convaincu, ainsi que le prouvent les lettres patentes
de Henri II et de François II, que je viens de
citer, qu'à cette époque il a existé deux frères
portant tous deux le nom de Delorme : l'un, Philibert, que je crois être l'aîné, et comme tel,
de son vivant, reconnu seulement par ses concitoyens pour un adroit conducteur de bâtiments,

Et l'autre, nommé Jean Delorme, qui, grâce
à la basse jalousie et à l'hypocrite réticence de
Philibert son frère, nous serait encore inconnu,
si l'heureuse découverte que j'ai faite de ces lettres
patentes ne démontrait pleinement qu'à ce dernier seul appartient l'honneur et le droit de jouir
du titre émérite d'habile architecte.

Ces fortuites découvertes, en dissipant mes
doutes sur la nature et les limites des talents de
Delorme en architecture, m'ayant en même temps
donné le droit d'adopter ou de rejeter avec certitude les opinions qu'ont de sa haute capacité
ses actuels admirateurs, ou celles non moins
motivées de ses prétendus anciens détracteurs,
parmi lesquels on remarque spécialement M. de
Chambray;

Je déclare qu'usant de ce droit, je me range
complétement à l'avis de ces derniers, et que,
comme eux, je reconnais et affirme que Philibert
Delorme ne fut jamais qu'un charlatan en architecture; et qu'à dater du jour où son frère cessa
d'être son teinturier, jour où les travaux des
Tuileries étant terminés, Catherine de Médicis,
qui avait reconnu, ainsi que je l'ai dit, la faiblesse
des talents de cet architecte, ne voulut plus
l'employer, bien que, pour se la rendre favorable
pendant toute la durée de cette construction,
Delorme, en lui parlant, eût fait usage du langage
le plus servile (1);

(1) Pour être convaincu de la véracité de cette assertion,
il suffit de lire, dans la préface de la première édition des
œuvres de Philibert Delorme, imprimée à Paris en 1567,
les éloges pleins de la plus basse flagornerie, qu'il prodigue
à Catherine de Médicis, en lui présentant ce volume; fla-

Puisque, dis-je, à dater du jour où son frère
cessa d'être son teinturier, Philibert Delorme
redevint tout à coup ce qu'il ne pouvait cesser
d'être sans les secours de talents étrangers, c'est-
à-dire, un ignorant architecte, comme le prouvent
la pauvreté du plan et des détails de la chapelle
des Orfévres, ainsi que la gaucherie du plan et
la barbarie volontaire de l'une des deux façades
de sa maison de la rue de la Cerisaie.

gornerie qu'il a complétée page 155 *bis* de ce même volume,
et que l'on trouve également dans la seconde édition, imprimée à Rouen en 1648, en parlant de l'ordre ionique qu'il
a employé pour décorer la façade du château des Tuileries,
du côté du jardin; et surtout de la manière adroite avec
laquelle, à l'aide de cette déclaration, il escobarde le nom
de Bullant, l'auteur de cette belle conception, en disant:
Je ne passerai pas outre, sans vous advertir que j'ai choisi
le présent ordre ionique, entre tous les autres, pour orner
et illustrer le palais, lequel Sa Majesté la reine, mère du roi
très-chrétien Charles IX de ce nom, fait aujourd'hui bâtir en
cette ville de Paris, sous ses ordonnances et desseings; car je
procède tout ainsi qu'il plaît à Sa Majesté me le commander,
sauf les ornements, symétries et mesures, pour lesquels elle
me fait cette grâce et faveur de s'en fier à moi.

Aveu que, sans doute, Delorme n'a fait qu'à contre-
cœur, puisqu'il prouve incontestablement qu'il n'a point
partagé avec Bullant l'honneur d'avoir conçu et exécuté
le beau plan du château des Tuileries, ainsi que le prétendent certains biographes qui affirment le contraire.

Mais il y a plus ; c'est que j'affirme, ainsi que
le fait M. de Chambray, que Delorme ne fut jamais
qu'un très-médiocre dessinateur. Et la preuve
de ce fait, je la puise dans l'affectation qu'il met
à nous citer, page 22 *bis* de son volume, ce que
dit Léon-Baptiste Alberti, en parlant des architectes qui s'appliquent à dessiner correctement
leurs projets.

Croyez bien, dit cet architecte florentin, *que
ceux qui se sont amusés à faire de beaux dessins,
sont ceux qui le moins ont entendu l'art; car il
suffit à l'architecte de savoir bien faire ses lignes
pour dresser promptement un plan et une montée,
faite avec les proportions et mesures, afin que le
seigneur l'entende, puis dresser ensuite ses modèles qui seront de bois ou de papier, ou de charte
ou d'autres manières, ainsi qu'il viendra à propos.*

Déclaration à laquelle, pour la compléter,
Delorme s'empresse d'ajouter :

*Je ne dis pas que ce ne soit une fort belle grâce
à l'architecte, de savoir portraire et peindre; mais
il y a tant d'autres choses beaucoup plus nécessaires à connaître, qu'il lui doit suffire de portraire
médiocrement, proprement et nettement; car,
pourvu que ses mesures soient bien gardées, ses
portraits ne sauraient faillir à se bien montrer.*

Ce fait ainsi prouvé, ce serait donc à tort,

3

mais simplement pour faire croire à ses talents
comme dessinateur, qu'il se serait plaint de la
manière inconvenante dont ses graveurs avaient
exécuté ses dessins, ainsi qu'il le fait page 166
de son volume, puisqu'il paraît constant que
ces prétendus dessins n'étaient que des croquis
informes, que les graveurs étaient forcés de re-
dessiner avant de les décalquer sur leurs plan-
ches, et sans s'occuper aucunement de la manière
dont cet architecte les avait cotés :

Vices d'exécution dont se plaint de Chambray,
dans son ouvrage intitulé *Parallèle de l'architecture antique et de la moderne,* édition de 1702,
en parlant, pages 52 et 54, et surtout page 84 de
ce volume, des proportions que cet architecte a
données à ses ordres, en disant *qu'il n'a pu
faire aucun usage des cotes que Delorme a mises
sur ses dessins ;*

*Attendu que le bonhomme n'était point dessi-
nateur, et que le talent de cet architecte, qui ne
laisse point que d'avoir acquis beaucoup de réputation, consistait principalement dans la conduite
du bâtiment, et qu'il était plus consommé en la
connaissance de la taille et de la coupe des pierres
que dans la composition des ordres :*

Impossibilité dont certainement de Chambray
nous aurait fait connaître la double cause, si,

comme moi, il eût remarqué que Delorme avait pris la précaution de prévenir ses lecteurs par une note imprimée en marge de la page 168 de ce même volume, *que le premier il avait fait usage des proportions extraites du viel Testament pour coter les figures de son volume ;*

Opération cabalistique digne de servir de pendant aux rêves creux du jésuite Kircher, ainsi qu'on peut s'en convaincre en lisant son ouvrage intitulé *Turris Babel.*

De plus, pour juger des moyens employés par Delorme pour en imposer aux âmes candides sur sa fausse modestie, il suffit d'observer que, page 5 de son volume imprimé en 1567, ce jésuite de robe courte affirme d'une manière niaisement hypocrite,

Que toutes les notes qui dans ce volume sont propres à fournir les preuves de son savoir, n'ont point été écrites par lui, mais qu'elles ont été faites par quelqu'un de ses amis.

Cependant, comme ce que je viens de dire du caractère peu loyal de Philibert Delorme, m'impose l'obligation de prouver que ce n'est point sans de puissants motifs que je l'ai rangé dans la classe des hommes astucieux,

Je vais, pour en fournir une nouvelle et dernière preuve, déchirer le masque imposteur dont

3.

cet architecte s'est souvent affublé pour en imposer sciemment et avec sécurité à ses crédules admirateurs, en leur prouvant que lorsqu'il a fait
imprimer en marge de la page 13 de son volume,

*Château d'Anet construit par l'ordonnance de
l'auteur,*

Delorme ne leur a fait qu'un insigne et gros-
sier mensonge, puisqu'il est constant que le
magnifique débris de la principale entrée intérieure du château d'Anet, que, grâce aux soins
conservateurs de M. Lenoir, nous admirons
maintenant dans la première cour du palais ou de
l'école des Beaux-Arts, n'est point l'œuvre de
Philibert Delorme, mais bien de Jean Delorme,
son frère, que Henri II, pour lui témoigner la
satisfaction qu'il éprouvait à la vue de ce chef-
d'œuvre d'architecture, nomma super-intendant
des bâtiments de la couronne, en ajoutant à cette
première faveur celle d'en faire connaître le motif,
en disant : *à cause de ses grands talents en architecture ;*

Fait que, sans s'en douter, Philibert Delorme
a lui-même confirmé, en parlant de la trompe
qu'il avait construite au château d'Anet, pour
ajouter un cabinet à l'appartement de Henri II,
dont il était l'architecte particulier, dans lequel,

H. Roux aîné Sculp.t

PORTE EXTÉRIEURE DU CHÂTEAU D'ANET.

dit-il, ce prince venait souvent se réfugier, pour s'occuper tranquillement des affaires de son royaume; en ajoutant ensuite, page 88 de son volume, lorsqu'il parle de cette trompe :

Je fus rédigé en grande perplexité, car je ne pouvois trouver ledit cabinet sans gâter le logis et les chambres qui étoient faites suivant les vieux fondements, et autres murs que l'on avoit commencés premier que j'y fusse;

Déclaration astucieuse, mais cependant de la plus haute importance, puisqu'elle prouve évidemment, d'une part, que Philibert Delorme reconnaît que ce n'est point lui qui a fait construire ces nouveaux murs,

Et que de l'autre, à l'aide de la figure qu'il nous a donnée de cette trompe, et des murs neufs et vieux contre lesquels elle est adossée, et même avec lesquels elle est liée, figure que l'on trouve page 89 de son volume,

Il reste démontré, même pour les plus incrédules, que les constructions neuves, qui dépassent de beaucoup celles de l'ancien corps de logis, font partie de la portion du château d'Anet que Jean Delorme son frère avait déjà terminée.

Puis, pour qu'ensuite il ne puisse rester à ce sujet le plus léger doute dans l'esprit de ses bénévoles admirateurs, sur les moyens cauteleux qu'em-

ploya Philibert Delorme pour empêcher que le
nom de son frère, en parvenant jusqu'à nous, ne
fît obstacle, après la mort de ses détracteurs
contemporains, à l'espoir qu'il avait conçu de
passer un jour pour le plus habile architecte de
son époque,

Je les engage à lire attentivement ce qu'il dit
avec emphase page 146 verso de son volume,
*d'une porte qu'il avoit faite par commandement,
pour servir à quelque salle de triomphe;* et puis,
à la page suivante, l'hypocrite description qu'il
fait de celle extérieure du château d'Anet, sans
citer aucunement le nom de l'architecte son frère,
auteur de ce riche et curieux monument.

De plus, pour satisfaire ceux de ses admirateurs qui ne possèdent point ce volume, et qui
désireraient au moins connaître les travaux dont
il fut seulement chargé dans le château d'Anet,
après ceux terminés par son frère,

Je vais transcrire pour eux ce qu'il dit à ce
sujet, page 300 de ce même volume, en parlant
de sa nouvelle charpente :

*J'ai fait faire au château d'Anet, pour madame
la duchesse de Valentinois, la couverture de deux
petits pavillons qui sont au parc sur la rivière, où
se pouvoient mettre les joueurs de cornets, de
trompettes et autres instruments, pour donner*

*plaisir au roi et princes, quand ils étoient dans
ledit parc;*

Et page 3o1, toujours en parlant de sa charpente : *J'ai fait*, dit-il, *couvrir de telle façon la
salle devant les baigneries, et aussi l'Hôtel-Dieu,
que ladite dame fait faire au bout de son parc,
près le pont d'Anet,*

*Bâtiments dont il n'avait point fait les cons-
tructions, ainsi qu'il le déclare même page 3o1,*
sans toutefois faire connaître à ses lecteurs le
nom de l'architecte, son frère, qui les avait
exécutés.

Puis enfin, pour empêcher les critiques d'opposer à la véracité des faits que j'ai avancés sur
les diverses constructions du château d'Anet,
ceux consignés dans l'inscription nouvellement
placée au-dessus de l'ancienne porte d'entrée de
la façade de ce château, reconstruite en partie,
depuis quelques années, dans la première cour
de l'école des Beaux-Arts, ainsi que je l'ai dit,
je vais faire connaître à mes lecteurs les erreurs
dans lesquelles est tombé le savant chargé de
la rédaction de cette inscription.

La première, c'est que ce ne fut point en 1548,
ainsi qu'il est affirmé dans cette inscription, mais
bien en 1520, deux années après l'avénement de
Henri II au trône de France, que la construction

neuve et additionnelle de ce château fut commencée.

La seconde, c'est que les additions faites à
l'ancien château, telles que la grande porte extérieure, le corps de logis principal dudit, la galerie conduisant de ce corps de logis à la chapelle,
construite de même à cette époque, n'ont point
été exécutées d'après les ordres de Henri II, mais
d'après ceux de Diane de Poitiers, duchesse de
Valentinois.

La troisième, c'est que ce ne fut point Henri II
qui paya de ses deniers cette construction, mais
bien Diane de Poitiers, avec le produit, il est vrai,
du don que lui avait fait Henri II, de toutes les
sommes qu'étaient obligés de payer au nouveau
parvenu tous les possédants une charge en France,
et qui voulaient la conserver,

Don qui fit grandement murmurer les courtisans, ainsi que l'affirme Brantôme, tome deuxième,
page 329 de l'édition de 1822, en parlant des
femmes galantes de cette époque.

La quatrième, en affirmant que ce fut Philibert
Delorme qui exécuta ces travaux, tandis que ce
fut Jean Delorme, son frère, ainsi que je l'ai
suffisamment prouvé.

OUVRAGES PUBLIÉS

PAR PHILIBERT DELORME.

Cet architecte publia d'abord ses ouvrages en deux volumes, l'un ayant pour titre : *Architecture de Philibert Delorme;* contenant onze sections ou titres ; augmentés de deux et autres figures non encore vues;

L'autre, intitulé : *Le premier et le deuxième des œuvres et nouvelles inventions pour bâtir à petits frais.*

Depuis, ces deux ouvrages ont été réunis dans l'édition de Paris, en 1626, et postérieurement dans celle de Rouen en 1648, soixante et onze ans après la mort de cet architecte.

En publiant son premier volume, Delorme avait pris l'engagement d'en donner un second, lequel, dit-il, devait contenir les plans et les élévations des divers bâtiments qu'il avait construits ;

Mais, soit qu'il ait craint que cette nouvelle publication ne réveillât contre lui des souvenirs fâcheux, ou soit que la mort l'ait surpris pendant qu'il s'occupait de ce travail, toujours est-il certain que ce second volume n'a point paru, ainsi que le prouve le titre de celui imprimé à Rouen que je viens de citer.

Nota. C'est à Philibert Delorme que nous sommes redevables de la connaissance de l'origine du mot *guinguette.*

Cet architecte, chapitre XV de son ouvrage, en parlant des pierres sujettes à la gelée, dit qu'en 1555, l'année fut si froide et si pluvieuse, que le raisin ne put mûrir, et que les vins furent si verts, qu'on n'en pouvait boire, et pour ce, furent appelés *Guinguetz;* d'où est venu le mot *guinguette*, que l'on emploie pour désigner une maison ou endroit où l'on ne boit que de mauvais vins.

Jean Goujon.

Jean Goujon, dont l'origine est inconnue,
mais dont la célébrité n'est point douteuse, et
qui, s'il vivait, pourrait dire, comme Poly-
phonte : *Qui sert bien son pays n'a pas besoin
d'aïeux,* ne nous a laissé, sur sa famille et le lieu
de sa naissance, aucuns renseignements.

Cependant, il paraît qu'il naquit à Paris (1),

---

(1) M. Dargenville est le seul historien que je connaisse,
qui ait avancé ce fait ; mais il n'en fournit aucune preuve :

et qu'il y étudia la sculpture et l'architecture,
sous les habiles artistes que François Ier, en
revenant d'Italie, amena à sa suite, après la
fameuse bataille de Marignan, puisqu'il n'alla
point visiter cette terre classique des arts, ainsi
que le prouve la lecture de son traité de perspective, joint à la traduction française de Vitruve, par Jean Martin, édition de 1547, pour
laquelle Jean Goujon fit un grand nombre de
figures.

Ce fut donc sous ces hommes habiles, qui bâ-
tirent particulièrement à Orléans, pour Fran-
çois Ier et Henri II, son fils, les jolies maisons
qu'ils habitèrent dans cette ville, ainsi que celles
de leurs maîtresses; savoir, celle de mademoiselle de Puisseleau de Helly, duchesse d'Étampes,
rue de Recouvrance, n° 28; celle de Marie Tou-
chet, dame de Belleville, rue de la Vieille-Pote-
rie, n° 7, et surtout celle de Diane de Poitiers,
duchesse de Valentinois, rue des Albanais, n° 22,
ainsi qu'un grand nombre d'autres qui existent

Chose, à la vérité, très-difficile, puisque l'origine des re-
gistres des naissances et des décès en France ne remonte
qu'à l'année 1682, sous le règne de Louis XIV.

Au surplus, il a le tort, ainsi que M. Quatremère de
Quincy, d'écrire *Jean Gougon*, au lieu de *Jean Goujon*,
ainsi qu'il est imprimé en tête de son *Traité de perspective*.

encore dans cette ville, dont l'élégance et le
goût des détails n'ont été, depuis cette époque,
que rarement imités par les architectes des dix-
septième et dix-huitième siècles (1);

(1) Ces architectes, généralement médiocres dessinateurs,
et par cette raison persuadés à l'avance qu'ils étaient in-
capables d'employer avec succès les riches et gracieuses
décorations des édifices de la renaissance,

S'empressèrent d'imiter, autant que leurs facultés artisti-
ques pouvaient leur permettre de le faire, la manière dont
Jean Delorme et Jacques de Brosse avaient employé les
ordres d'architecture grecs et latins,

Le premier, pour orner avec une heureuse magnificence
la principale entrée intérieure du château d'Anet, et le
second, pour construire et décorer, en 1616, le portail de
l'église Saint-Gervais, lequel serait un chef-d'œuvre d'architecture, si, comme l'observe avec raison M. Dargenville, les
détails de ce portail avaient été exécutés avec plus de soins;

Système, qu'en sa qualité de très-médiocre dessinateur, l'architecte Moreau a servilement adopté, en préférant, comme
étant pour lui plus facile, l'emploi des ordres d'architecture
dont il a fait usage pour décorer la façade principale de
Saint-Eustache, au lieu de chercher, pour acquérir de la
célébrité, à imiter, en les reproduisant sur une grande
échelle, les détails de constructions et les ornements des
deux portes latérales de cette église, afin de mettre en har-
monie toutes les parties de ce vaste édifice;

Imitations serviles, qu'heureusement pour les arts en
général, nos modernes architectes ont frappées de répro-
bation, en construisant des monuments publics et particuliers, dont l'exécution irréprochable ferait même croire

Ce fut, dis-je, à cette école que Jean Goujon,
sans copier servilement ses maîtres, apprit à ré-

aux amateurs d'architecture que cet art, chez nous, aurait
atteint son apogée (*),

Si les décorations très-variées et pleines de goût des façades
de quelques maisons nouvellement bâties dans Paris, par des
architectes dont les noms me sont inconnus,

Et si, surtout, la construction du Cirque de Franconi, le
Palais ou l'École des beaux-arts et autres, et plus encore la
Chapelle expiatoire, construite par les architectes Fontaine
et Percier, mes amis et camarades d'études, monument, suivant moi, le plus ingénieux et le plus complet en tous genres,
qui existe dans cette ville, ne prouvaient aux véritables amateurs de cet art, que les architectes français du dix-neuvième
siècle commencent à entrer dans une voie toute nouvelle
d'invention et de perfectionnement, dont les limites sont
incalculables ;

Éloges que l'on pourrait également faire de quelques-
uns des six cabarets que l'on construit en ce moment dans
les Champs-Élysées ; lesquels, avec le probable assentiment
de l'administration, sont destinés, suivant moi, à faciliter
les plus crapuleuses débauches,

Débauches qui, nécessairement, chasseront de cette promenade, la plus agréable de Paris, les femmes honnêtes qui

---

(*) Noms des architectes qui, suivant moi, ont exécuté ou complété les plus
beaux monuments qui existent dans Paris :

Gondouin, l'École de chirurgie ; Brongniart, le Palais de la bourse ; Poyet, le
péristyle de la Chambre des députés ; Le Bas, l'église de Notre-Dame-de-Lorette ;
Huvé, qui a terminé l'église de la Madeleine ; Hittorf, le Cirque de Franconi.

Lesueur et Godde, l'agrandissement de l'hôtel de ville de Paris ;

Enfin, et surtout Fontaine et Percier, ci-devant nommés, la Chapelle expiatoire.

pandre sur ses productions cette grâce et cette finesse d'exécution, qui les distinguent encore aujourd'hui de toutes celles de ses contemporains.

Cependant, à travers cette foule de talents si variés et si recommandables, ceux de Jean Goujon auraient eu de la peine à se faire remarquer, bien que déjà cet habile artiste eût acquis à Rouen, depuis 1542, une réputation de haute capacité, surtout à la suite de la construction de la crypte et du sarcophage qu'il avait exécutés dans la cathédrale de cette ville, pour le premier cardinal George d'Amboise (1), et de la confec-

ne voudront point exposer leurs époux aux insultes grossières que leur prodigueront les habitués de ces tavernes, ainsi que les mères de famille qui redouteront pour leurs jeunes enfants le hideux et dégoûtant spectacle de la plus vile corruption,

Tandis que cette même administration se refuse obstinément à établir dans cette promenade des bancs où puissent se reposer commodément les vieux et glorieux débris de nos armées, ainsi que les citoyens peu fortunés de la capitale.

(1) On lit, à ce sujet, dans les archives de la cathédrale de Rouen, qu'en 1541 et 1542, Jean Goujon, tailleur de pierre et maçon, noms qu'à cette époque on donnait aux sculpteurs et aux architectes,

Pour faire la tête du prince, et la sépulture de M. le cardinal d'Amboise, ainsi que pour faire et asseoir icelle,

tion des beaux panneaux qu'il avait sculptés pour
la porte de la principale entrée de l'église Saint-
Maclou, dans cette même ville (1),

Si, par le plus heureux des hasards, l'Italien
Louis Dajacet, banquier de la cour, et le Rot-
schild de son époque, n'eût eu l'occasion de le
connaître, pendant les voyages qu'il faisait à la
suite de Henri II, et ne l'eût chargé de lui construire, à Paris, Vieille rue du Temple (2), un

en la place où elle doit demourer, reçut par le marché du
VI april 1541, et suivant sa quittance, xxx ls.

(1) On lit de même, dans les anciens comptes de l'église
de Saint-Maclou, à Rouen, que Jean Goujon exécuta,
moyennant quatorze sous par jour, les beaux panneaux de
la porte principale de cette église.

Nota. Les gravures de ces panneaux font partie du premier
volume de l'œuvre de Willemin.

(2) Piganiol de la Force, t. IV, p. 399, édit. de 1767, et
Brantôme, *Vies des femmes galantes*, p. 44, édit. de 1788.

Nota. L'intérieur de cet hôtel, mélange heureux de sculpture et
d'architecture, et de plus, parfaitement approprié à sa première
destination, dont on ne voyait, avant la révolution de 1789,
que le mur de clôture extérieur, alternativement couronné à son
sommet de piédestaux et d'enroulements ornés de sculptures,
ainsi que de lions de forte dimension, nous serait encore inconnu,
si les filles de Saint-Gervais, qui l'avaient acheté des créanciers du
marquis d'O, son second propriétaire, l'un des mignons de Henri III,
pour le convertir en maison claustrale, ne l'eussent abandonné au
commencement de la révolution, lors de la suppression des maisons religieuses ; ce qui permit aux amateurs d'une belle et riche

hôtel considérable, dans lequel, ensuite, ce riche propriétaire exposa publiquement les meubles précieux, les statues antiques et les magnifiques tableaux qu'il avait rapportés de l'Italie.

Cet hôtel, constamment visité par les personnages les plus recommandables qui s'y rendaient en foule pour y admirer les beaux monuments des arts qu'il renfermait, ayant rendu populaire la célébrité des talents de Jean Goujon, ce fut alors que le connétable Anne de Montmorency, qui partageait également cette opinion, l'adjoignit à Bullant, lorsqu'il prit la résolution de faire construire son château d'Écouen, ainsi que je l'ai dit précédemment.

Mais si l'admirable mignardise des maisons d'Orléans, de Moret et d'autres lieux circonvoi-

architecture de le visiter intérieurement jusqu'en 1795, époque fatale de sa démolition.

Nota. C'est sur l'emplacement de ce couvent et du jardin qui en faisait partie que mon ami d'enfance, l'architecte Jules de Lespine, mort en 1825, construisit, en 1813, Vieille rue du Temple, le marché dit des *Blancs-Manteaux*, monument qui ouvrit à cet architecte les portes de l'Institut, et dont la veuve a fait graver tous les détails avec le plus grand soin.

Nota. Lors de la démolition de ce monument claustral, j'ai profité de cette occasion pour enrichir de plusieurs beaux fragments de sculpture la cour et le jardin de ma maison, rue de la Pépinière, n° 48.

4

sins, construites par les habiles artistes qui
avaient suivi François Ier, causa d'abord une sur-
prise agréable, les deux monuments que venait
de terminer Jean Goujon, et surtout l'hôtel de
Louis Dajacet, dont l'ensemble répondait si complétement aux besoins fastueux de la haute aris-
tocratie, produisirent à leur tour une révolution
subite et inattendue sur l'esprit des amateurs
de grandes constructions qui n'avaient point
visité l'Italie, et surtout sur celui de Henri II,
puisque ce fut alors que ce roi, qui visitait fréquemment et familièrement les propriétaires de
ces deux riches habitations (1), frappé lui-même
des grands avantages de cette innovation, sentit
tout à coup le besoin de remédier à la pauvreté
des ajustements adoptés jusqu'alors pour décorer la façade intérieure de la portion du Louvre
commencée, en 1534, par François Ier, et que
pour y parvenir promptement, sans toutefois
critiquer les constructions déjà exécutées, il or-

(1) Dajacet, chez lequel Henri III allait souvent manger
et se réjouir, dit de l'Estoile, t. 1, p. 334 et 335, ne fut,
par cette raison, condamné par ce roi, qu'à deux mille écus
d'amende, pour avoir fait assassiner Pulveret, capitaine
du château d'Encise, qui lui avait accordé la vie, à la suite
d'un combat singulier, qui, quelques jours auparavant, avait
eu lieu entre eux.

donna à Pierre Lescot, que François Ier avait nommé super-intendant de ces travaux, de *faire faire de suite un nouveau projet, dont la richesse des détails extérieurs ne le céderait en rien à celle des deux monuments qui l'avaient déterminé à prendre cette résolution;* mission que Pierre Lescot crut ne pouvoir mieux remplir qu'en chargeant Jean Goujon, que Henri II, aussitôt après son avénement au trône, en 1547, avait nommé l'un de ses architectes (1), bien qu'il fût protestant (2), de lui présenter un projet qui répondît de tous points aux désirs qu'avait manifestés le roi.

Le plan et les détails de cette nouvelle construction ayant été promptement conçus et exécutés par cet habile architecte, et par lui remis à Pierre Lescot, ce courtisan s'empressa de présenter l'un et l'autre à Henri II, qui les accepta avec grand contentement, et qui, de suite, pour

(1) Dédicace de Jean Martin, en offrant à Henri II, en 1547, sa traduction de Vitruve, qu'il venait de terminer.

(2) Dubreul, p. 411, édit. de 1608, dit que le 13 octobre 1534, François Ier, à la suite d'un dîner, offert par lui aux principaux officiers, prélats et notables, qui l'avaient accompagné à la procession générale qu'il avait ordonnée dans Paris, prêcha la première croisade contre les protestants.

4.

en hâter l'exécution, donna, à Saint-Germain
en Laye, le 14 avril 1547 (1), des lettres patentes
dont la teneur suit :

*A tous ceux qui ces présentes lettres verront,
et à Antoine Duprat, chevalier baron de Thière,
salut, savoir faisons, que l'an de grâce 1556, le
9 avril, après Pâques, Philippe Boisselet et Germain Le Charon, notaires au Châtelet de Paris,
fut vue et tenue une lettre patente du roi notre
sire, saine et entière en seing et écriture, de
laquelle la teneur suit :*

« *Henri II, par la grâce de Dieu, roi de France,
à notre cher et bien-aimé Pierre Lescot, seigneur
de Clagny, salut et dilection.*

« *Comme le deuxième du mois d'aoust l'an 1546,
feu notre très-honoré seigneur et père le roi dernier décédé, que Dieu absolve, par lettres patentes y attachées, vous eut donné pouvoir, puissance, autorité, et charge d'ordonner sur le fait
des bâtiments et édifices qu'il avoit voulu être
faits en notre châtel du Louvre, et faire arrêter
et conclure les prix et marchés, et ordonner les
frais, y ceux faire payer par celui ou ceux qui
seroient par lui commis à faire lesdits payements
dudit office, ameublements, et décorations, ainsi
qu'il est plus à plein contenu en cesdites lettres,*

(1) Bibliothèque royale, vol. 219.

suivant lequel pouvoir, vouloir, et ordonnances,
de notre seigneur et père, vous eussiez fait com-
mencer de son vivant lesdits bâtiments qu'il en-
tendoit être faits en notre châtel du Louvre ; et
depuis son trépas, suivant notre vouloir, ordon-
nance et commandement et lettres patentes, que
nous vous avions pour ce adressées dès le 14 aoust
1547, après Pâques, y attachées, en avoir fait
continuer l'ouvrage selon les dessins et devis faits
par feu notredit seigneur et père, et depuis par
nous ; en quoi vous avez fait tel et si bon devoir,
que nous en avons bonne et juste occasion d'être
content de vous. Et néanmoins, ayant depuis
trouvé que pour grande commodité et aisance
dudit bâtiment, il étoit besoin de le parachever
autrement ; et, pour cet effet, faire quelques
démolitions de ce qui étoit jà fait et commencé,
et ce, suivant un nouveau devis et dessin que
vous avez fait dresser par nos commandements,
et que voulons être suivi, *soit besoin pour mieux*
exécuter ce que nous avons commandé et ordonné,
vous faire expédier sur ce nos lettres patentes,
afin de pouvoir, en continuant, les autres y at-
tachées.

« *Savoir vous faisons, que nous confiant à plein*
de votre personne, et de vos sens, suffisance ,
loyauté, prudommerie, etc., nous vous avons

donné et donnons plein pouvoir, puissance, au-
torité et mandement spécial, de faire lesdites dé-
molitions ès endroits que vous aviserez être plus
propres, et d'ordonner entièrement du fait des-
dits bâtiments.

« *Pourquoi mandons et ordonnons par ces pré-*
sentes à tous justiciers, etc. (1). »

L'activité qu'avait d'abord déployée Jean Goujon pour terminer promptement les dessins qui
lui avaient été commandés, et les soins qu'ensuite il apportait à faire exécuter ces nouveaux
travaux avec une rare perfection, lui ayant attiré, à ce qu'il paraît, la pleine et entière confiance de Henri II, ce fut alors, et malgré l'aversion que François Ier, son père, lui avait inspirée
pour les protestants, que ce prince, le préférant
à ses autres architectes, le chargea seul, en 1549,
de la construction de l'arc de triomphe de la
porte Saint-Antoine; qu'ensuite, en 1550, il fit
avec lui un marché particulier pour la décoration
de la grande salle du tribunal du Louvre, dite
depuis salle des Antiques (2); et qu'enfin, la

_____

(1) Bibliothèque royale, vol. 219.

(2) Le 15 septembre 1550, Henri II fit un marché avec
Jean Goujon, pour l'achèvement et la décoration de la salle
du tribunal du Louvre, dans lequel il est dit : *Qu'il sera*

H. Rous ainé Sculp.

FONTAINE DES INNOCENTS

même année, il lui confia le soin de construire
la fontaine des Innocents; travaux qui furent suspendus après la mort de Henri II, pendant le
très-court règne de François II, son fils aîné,
puis ensuite repris et achevés sous le règne de
Charles IX (1);

*payé à Jean Goujon, architecte et sculpteur, quatre-vingts
livres pour chaque figure, et quarante-six francs pour le
modèle.* (Sauval, t. II, p. 33, édit. de 1720.)

.(1) A la suite de beaucoup de démarches faites auprès
du corps municipal de la ville de Paris, par le sieur Sixe,
architecte, mon ancien camarade d'académie, cette fontaine,
qui restait isolée de toutes parts depuis la démolition de
l'église des Innocents et des maisons y adhérentes, tant
côté de la rue Saint-Denis que côté de celle aux Fers, et
par conséquent exposée à des dangers non prévus lors
de la première construction, fut démolie avec soin et
reconstruite en 1782, au milieu du marché neuf établi sur
l'emplacement du cimetière de cette paroisse.

Nota. Ces travaux furent exécutés par les associés Molinos et
Legrand, architectes des travaux publics, et conjointement avec
le sieur Poyet, architecte de la ville de Paris.

Les figures qui manquaient pour compléter la quatrième façade
de cette fontaine, côté de la rue de la Féronnerie, ont été exécutées
par le sculpteur figuriste Pajou, membre de l'Académie; et les
ornements, par les sculpteurs ornemanistes Lhuilier, Mézière et
Danjou.

Mais, s'il est juste d'accorder des éloges aux trois sculpteurs
ornemanistes que je viens de nommer, pour la manière satisfas-
sante avec laquelle ils ont exécuté les parties neuves des orne-

Riche et élégant monument que Jean Goujon venait à peine de terminer, lorsque, le 24 août 1572, jour du massacre de la Saint-Barthélemy, cet habile artiste, pour échapper aux dangers dont il était menacé, ainsi que tous ceux de sa religion, s'étant réfugié rue de la Harpe, dans l'hôtel du comte de Poitou, dont il était tout à la fois l'architecte et le sculpteur, et où il se croyait en sûreté, fut dénoncé aux fauteurs ou acteurs de cette infâme boucherie, par un nommé Prédeau, mauvais compagnon sculpteur qu'il avait renvoyé, lesquels, à l'aide de ce renseignement, s'étant précipités en foule dans la cour de cet hôtel, l'arrachèrent de dessus son échafaud, et le frappèrent de plusieurs coups de poignard, dont il mourut sur la place (1).

Aux productions du génie de Jean Goujon, que je viens de citer, je vais ajouter les noms de plusieurs autres monuments de moindre impor-

ments de la quatrième façade de cette fontaine, ainsi que les réparations indispensables à faire aux trois autres parties conservées, il n'en peut être de même à l'égard du sieur Pajou, dont les deux naïades et les autres figures exécutées par lui sur la quatrième façade de ce joli monument, côté de la rue de la Féronnerie, sont de la plus grande médiocrité.

(1) *Gazette des Tribunaux* du 15 août 1839, article très-intéressant, intitulé : *Les six corps des marchands de Paris.*

tance qu'il a exécutés, mais lesquels, par la variété de leurs ajustements, prouvent, d'une manière incontestable, l'heureuse et riche fécondité
du génie de cet habile artiste, et qui, par cette
raison, méritent également d'être connus :

1° La construction et la décoration du château
de Sainte-Geneviève des Bois, près de Corbeil,
et surtout l'ajustement de la porte d'entrée principale de ce château, laquelle, bien conservée et
d'un bel effet, rappelle à beaucoup d'égards celui
de l'arc de triomphe de la porte Saint-Antoine,
vu du côté de la ville;

2° Le beau jubé de l'église Saint-Germain
l'Auxerrois, place du Louvre, détruit en 1750,
mais dont il existe des gravures qui représentent
fidèlement l'élégance, la richesse et la hardiesse
de la construction de ce monument;

3° Les beaux bas-reliefs représentant le triomphe du saint sacrement, exécutés sur une croix
de grande dimension, construite dans le cimetière des Innocents, laquelle était placée sous un
dôme pratiqué dans l'intérieur d'une pyramide,
dont la hauteur, d'environ six mètres, était re-
couverte extérieurement des attributs supposés
nécessaires pour la célébration de cette fête, monument que j'ai vu, et qui fut détruit avec beau-

coup d'autres extrêmement curieux, lors de la suppression de ce cimetière, en 1786;

4° La belle chaire à prêcher de la cathédrale du Mans, laquelle, supportée par un Hercule, est ornée, dans son pourtour, de bas-reliefs de la plus rare perfection;

5° La belle Vénus faisant partie des ornements du jardin particulier du dernier palais de Catherine de Médicis, rue des Deux-Écus, dont j'ai parlé dans ma notice sur Bullant, figure dont je possède une maquette, ainsi que je l'ai dit précédemment;

6° Les deux superbes statues de grande dimension de Vénus et de Diane, placées dans l'un des bosquets du jardin de la Malmaison, lesquelles furent vendues nationalement, en 1791, avec tout le mobilier de ce château.

7° De plus, s'il faut en croire M. Dargenville, ce biographe prétend, chose d'ailleurs que l'on peut admettre facilement, que Jean Goujon fut, avec le même succès qu'en sculpture, le plus habile graveur en médailles de son époque, et qu'il en exécuta plusieurs pour Catherine de Médicis, lesquelles, dit-il, *sont très-recherchées par les amateurs.*

Mais il n'en peut être de même de ce qu'il

avance à l'égard des quatorze mascarons qui or-
nent les deux côtés de l'arcade construite rue de
Jérusalem, sous une partie de l'hôtel ci-devant
occupé par le premier président de l'ancien par-
lement de Paris, et actuellement par le préfet de
police, ou par ses bureaux, lesquels mascarons
M. Dargenville prétend, à tort, avoir été sculptés par Jean Goujon ; ce qui n'est point admis-
sible, puisque, d'une part, cette sculpture est
d'une assez médiocre exécution, et que de l'autre,
pour donner une apparence de vie aux têtes de
ce genre qu'il a sculptées, cet habile artiste n'a
jamais manqué de remplacer les prunelles des
yeux de ces têtes par un refouillement, et d'en
cacher une partie par les paupières, lorsque
surtout ces mascarons, ainsi que ceux de l'arcade
de la rue de Jérusalem, ont les yeux tournés
vers la terre ;

Refouillement qui produit un effet extraordinaire, comme peuvent s'en assurer les amateurs
qui se sont procurés, ainsi que je l'ai fait, des
fragments de sculpture de ce maître, et surtout
de ceux provenant de la démolition de l'hôtel
ayant appartenu à Louis Dajacet.

OUVRAGES PUBLIÉS

PAR JEAN GOUJON.

Je ne connais de cet habile artiste d'autre ouvrage
sur les arts qu'il professait, que son *Traité de perspective*, joint à la traduction française de Vitruve,
par Jean Martin, volume dans lequel se trouvent les
figures que fit Jean Goujon pour cette édition,
figures auxquelles ce traducteur en a ajouté un assez
grand nombre d'autres qu'il a choisies parmi celles
gothiques du Vitruve de Joconde imprimé en 1513.

Jean Goujon fit aussi, pour Jacques Kerver, mais
plus correctement dessinés que ne le sont les gravures du songe du Polyphile italien, les dessins des
sujets représentés dans ce singulier roman, imprimé
pour la première fois par les Aldes, en 1499; dessins
que Kerver fit ensuite graver pour les joindre à la
traduction française qu'en fit Jean Martin, et qu'il
imprima en 1548.

Dubreul, dans ses Mémoires sur Paris, édition de
Paris, page 431, dit que les habitants de cette ville
furent tellement satisfaits de cette traduction, que

pour en témoigner leur reconnaissance à cet impri-
meur, ils le nommèrent, en 1608, l'un de leurs échevins.

Nota. Depuis, en 1804, M. Legrand, architecte, a fait, de
cet ouvrage, une traduction libre, dont la lecture est plus agréable
que ne l'est celle de l'édition de 1548.

Pierre Lescot.

Si au lieu de parler longuement et avec une sorte de complaisance, mais cependant sans beaucoup d'intérêt pour le plus grand nombre de ses lecteurs, de la naissance et de la mort de Pierre Lescot (1), de ses titres aristocratiques (2) et du

(1) Il naquit à Paris, en 1510, et y mourut, en 1578.
(2) Il était de la famille Dalissy, seigneur de Clagny, conseiller et aumônier de François Ier, et le fut successivement de Henri II, et de ses fils François II, Charles IX et Henri III.

rang qu'il occupa dans la hiérarchie ecclésiasti-
que (1), M. Quatremère de Quincy se fût livré à
de sérieuses recherches historiques, avant de dé-
cerner à cet adroit courtisan le titre pompeux,
mais immérité, du plus habile architecte du seizième siècle,

A coup sûr, ce savant, en agissant ainsi, eût
évité les reproches que pourront lui adresser,
avec quelque fondement, les lecteurs qui, d'a-
bord, l'ayant cru sur parole, s'apercevront ensuite que cet académicien, abusant de son talent
d'habile écrivain, ne leur a fait qu'un conte
agréablement amplifié,

Lorsque, surtout, j'aurai prouvé, ainsi que
je vais le faire, que ce bouffon chéri de François Ier, et plus encore de Henri II, n'obtint du
premier de ces rois, pour le récompenser du
plaisir que lui procurait sa conversation (2), que

(1) Il était abbé commendataire de l'abbaye de Clagny,
chanoine de l'église Notre-Dame de Paris, et abbé de
Clermont.

(2) La spirituelle conversation de Pierre Lescot, que
François Ier rétribua si généreusement, était d'autant plus
recherchée par ce prince, qu'elle lui faisait momentanément
oublier les douleurs aiguës d'une maladie jugée incurable à
cette époque, et dont il mourut le dernier de mars 1547, à l'âge
de cinquante-deux ans, et le trente-deuxième de son règne.

le titre de superintendant des bâtiments du Louvre, lorsqu'il en fit continuer, en 1546, les travaux d'abord commencés en 1534; titre pompeux
en apparence, mais véritable sinécure, puisque
les fonctions que ce roi avait attachées à cette su-
perintendance se bornaient à surveiller les constructions de ce grand édifice, surveillance dont
Lescot devait peu s'occuper, puisqu'il n'avait aucune notion de l'art de la bâtisse; et, en outre, à
l'obligation d'ordonnancer les payements à faire
aux divers entrepreneurs chargés d'exécuter ces
travaux, autre fonction beaucoup plus à sa convenance, puisque, sans s'exposer aux risées et
aux mauvaises plaisanteries des constructeurs de
ce grand édifice, cette seconde fonction le rap-
prochait naturellement de deux princes dont il
s'était chargé d'occuper agréablement les loisirs,
et qu'enfin, ni François Ier, ni Henri II, ainsi que
ses fils François II, Charles IX et Henri III, ne
lui accordèrent jamais le titre d'architecte, titre,
au contraire, qu'ils affectèrent de donner à Bullant, à Primatice, à Serlio, ainsi qu'aux deux
frères Philibert et Jean Delorme, lorsque successivement ils les nommèrent, soit aux places de
contrôleurs, soit à celles de superintendants des
bâtiments de la couronne.

A cette première preuve, je vais ajouter celles

que j'ai puisées dans une épître en vers, que l'on trouve, page 811 du volume des œuvres de Ronsard, imprimé en 1584, et que ce poëte adressa, en 1576, à M. Pierre Lescot, Parisien, seigneur de Clagny, laquelle va nous fournir de précieux renseignements sur l'emploi que fit de ses premières années, ce soi-disant le plus habile architecte français de son époque.

Dans cette épître, dont à dessein, pour ne point fatiguer mes lecteurs, j'ai converti en prose la partie poétique, attendu que celle en vers est par trop rebutante, et dont, pour le même motif, j'ai supprimé celle emphatiquement louangeuse, Ronsard commence par nous apprendre que Pierre Lescot, tout jeune encore, était doué d'un esprit naturel tellement séduisant, que François Ier et Henri II, son fils, voulaient toujours l'avoir à leur table, pour se procurer, en l'écoutant, d'agréables distractions, et que, surtout, Henri II préférait sa conversation à celle de tous autres personnages.

Puis, il ajoute : qu'à l'exemple de lui Ronsard qui, dès son enfance, faisait constamment des vers malgré les injonctions de ses grands parents, M. Pierre Lescot, Parisien, seigneur de Clagny, faisait de même dans sa classe, et malgré les défenses de ses maîtres, des figures de

géométrie, telles que des angles, des lignes et des
points, et qu'à l'âge de vingt ans il étudia avec
succès l'architecture et la peinture, c'est-à-dire
l'art de colorier les dessins;

Éloges auxquels, toutefois, il ne faut pas attacher plus d'importance que ne l'a fait Ronsard
lui-même, puisque ce poëte termine ce discours
en disant qu'il ne l'a composé que pour trans-
mettre à la postérité, à l'aide de ses vers, le nom
de Lescot, sans lui donner aucun titre, et en
même temps pour le remercier de l'hommage qu'il
avait rendu à ses talents en disant *au roi, qui
lui demandait pourquoi l'on avait sculpté, dans
l'un des frontons du Louvre, une renommée qui
paraissait sonner de la trompette,* que c'était
pour proclamer dans l'univers entier la beauté
des poésies de Ronsard.

Bien que ces aveux soient plus ou moins sin-
cères, cependant ils sont d'autant plus importants pour nous, qu'en sa qualité d'homme de
cour et de contemporain de Pierre Lescot, ce
poëte, en les faisant, nous a mis à même de connaître parfaitement, et tout à la fois, l'origine et
les limites des talents tant vantés de cet architecte à facultés surnaturelles, ainsi que le prétendent ses admirateurs.

Mais il y a plus, et ce qu'il est surtout impor-

5.

tant de remarquer, c'est que cette épître, ainsi que l'appelle Ronsard, ne fut adressée par ce poëte à Pierre Lescot que quatre années après la mort de Jean Goujon, et qu'alors, s'il n'eût été retenu par la crainte de devenir l'objet de la risée publique, Ronsard, l'homme le plus flagorneur et le plus adulateur de son époque, n'eût certes pas manqué de profiter de cette circonstance pour attribuer à ce courtisan privilégié l'honneur non-seulement d'avoir construit ou fait construire, par Jean Goujon, et d'après ses dessins, cette belle portion du Louvre, mais encore celui d'avoir été, conjointement avec lui, l'architecte de la fontaine des Innocents, celui de l'arc de triomphe de la porte Saint-Antoine, et enfin, l'architecte du beau jubé de l'église Saint-Germain l'Auxerrois ; ce qu'il n'a pas fait, malgré sa disposition très-prononcée à faire de Lescot un homme extraordinaire.

Convaincu que les documents que Ronsard nous a fournis sur l'emploi que fit Pierre Lescot de ses premières années, sont suffisants pour nous mettre à même d'apprécier l'usage qu'il dut faire ensuite des loisirs de son adolescence, je vais à mon tour, à l'aide de preuves incontestables, faire connaître à mes lecteurs l'importance qu'attachèrent, à ses prétendus talents en architecture, les rois sous les règnes desquels il vécut.

1° François Ier, douze années après le commencement des travaux du Louvre en 1534, donna à Fontainebleau, le deuxième jour d'août, l'an de grâce 1546, et le trente-deuxième de son règne, des lettres patentes, par lesquelles il confère à son cher et bien-amé Pierre Lescot, seigneur de Clagny, le titre de superintendant des bâtiments de son châtel du Louvre, avec charge et mission d'en faire exécuter les constructions, *suivant le plan dont nous avons fait faire les dessins et ordonnances par vous* (1) *, et auquel nous avons avisé d'en laisser la totale charge, de faire construire et d'arrêter les prix et marchés avec les maîtres maçons, charpentiers, tailleurs de pierres, menuisiers, vitriers, et tous autres artisans et gens de métiers, et iceux faire payer aux personnes à mesure qu'ils ont gagné, par celui ou ceux qui sont ou seront commis par nous à faire ces payements, etc.*

Nota. Dans cet extrait des lettres patentes de François Ier, j'ai supprimé les redondances obligées, redondances dont toutefois le lecteur pourra prendre pleine et entière connaissance, s'il le juge convenable, à l'aide des renseignements que lui fournira la note imprimée au bas de cette page.

(1) Manuscrits de la Bibliothèque royale, n° 3, supplément n° 182, folio 216.

On voit que François Ier dit à Lescot : *Suivant le plan dont nous avons fait faire les dessins et ordonnances par vous*, mais qu'il ne dit point : dont vous avez fait les dessins et ordonnances ;

Ambiguïté que, pour les personnes difficiles à convaincre, va faire disparaître la lecture des lettres patentes données à ce sujet par Henri II et François II.

2° Dans ces lettres patentes de Henri II, données à Saint-Germain-en-Laye, le 14 avril 1547 (1), lesquelles lettres patentes j'ai relatées en entier dans ma notice sur Jean Goujon, et auxquelles, au besoin, je renvoie mes lecteurs, il est dit :

Et néanmoins, ayant depuis trouvé que pour grande commodité et aisance dudit bâtiment, il étoit besoin de le parachever autrement, et pour cet effet, faire quelques démolitions de ce qui étoit jà fait et commencé; et ce, suivant un nouveau devis et dessins que vous avez fait dresser par mes commandements, et que voulons être suivis.

3° François II, par la grâce de Dieu roi de France, à notre amé et féal conseiller et aumônier ordinaire, maître Pierre Lescot, seigneur de Clagny et abbé de Clermont; salut et dilection. Comme feus nos très-honorés seigneurs, ayeul et

(1) Supplément 182, volume *idem*, et folios 218 et 219.

père, les rois François Ier et Henri II décédés, que
Dieu absolve, vous ayant consécutivement don-
né la charge de superintendant des bâtiments
et édifices qu'ils ont fait commencer et pour-
suivre en cetuy hôtel du Louvre à Paris, etc.,

Vous continuant audit service, nous voulons
aussi vous continuer le même état que vous avez
en ci-devant, pour ladite charge, dont vous jouis-
siez lors du trépas de notre seigneur et père, nous
avons ordonné et ordonnons par ces présentes,
la somme de cent francs par chacun mois, pour
votre état, entretenement, et pour vous aider à
supporter les frais que vous faites et pourrez
faire, à cause de la présente charge, commission
et surintendance.

Mais sans donner aucunement à Pierre Lescot
le titre d'architecte.

Lesdites lettres patentes données à Paris le
24 juillet 1559, et de notre règne le premier (1).

Si ensuite, à défaut de preuves suffisantes, je
ne puis affirmer qu'après la mort de François II,
Charles IX confirma Pierre Lescot dans l'exercice
de ses fonctions de superintendant des bâtiments
du Louvre, toujours est-il certain qu'il les
remplissait encore sous Henri III, sous le règne

(1) Volume 305.

duquel il mourut en 1578, puisqu'il existe dans les archives de la ville de Paris un mémoire de travaux de marbrerie exécutés pour le Louvre par François Duham, marbrier, lequel mémoire est ordonnancé par Pierre Lescot en sa qualité de superintendant de ces bâtiments et sans aucun autre titre ; lequel mémoire porte la date de 1573 (1).

A ces preuves irrécusables de la non participation de Pierre Lescot comme architecte à la reconstruction de cette portion du Louvre avec Jean Goujon, j'ajouterai pour les compléter :

1° L'indifférence que Catherine de Médicis aurait manifestée pour les prétendus talents surnaturels de ce soi-disant architecte, puisque, sans lui tenir compte de ceux qu'il aurait, dit-on, déployés dans l'exécution de ce magnifique monument, elle chargea Philibert Delorme de la construction de son château des Tuileries, conformément au plan de Bullant ;

2° Puis ensuite, de terminer le château de Saint-Maur-des-Fossés, dont elle avait fait l'ac-

(1) Ce mémoire, qui faisait partie des archives de M. le baron de Joursanvault, a été acheté avec beaucoup d'autres titres très-importants, le 15 janvier 1839, par l'archiviste de la bibliothèque de la ville de Paris.

quisition après la mort du cardinal du Bellay, son premier propriétaire;

Et qu'enfin elle confia de même à Jean Bullant le soin de disposer à sa convenance son palais de la rue des Deux-Écus, à Paris, et de restaurer et d'agrandir, en y ajoutant des dépendances considérables, son château de Chenonceau, ainsi que je l'ai dit précédemment.

3° Celles du silence qu'ont gardé de ce fait important les plus célèbres historiens de cette époque, tels que de l'Estoile, M. de Nevers, le président Hénault (1), Brantôme, et surtout ce dernier, qui, ainsi que Lescot, était homme de cour et peut-être son ami; lequel cependant, après avoir vanté avec une effronterie surnaturelle les vertus de Catherine de Médicis, et celles des rois sous les règnes desquels il avait vécu, parlant ensuite des hommes célèbres qu'il avait connus à la cour de ces princes, ne dit pas un mot de Pierre Lescot, ni de ses talents en architecture,

_____

(1) Le président Hénault, qui, dans son *Abrégé de l'histoire de France*, édition de 1775, à la colonne des savants et des artistes illustres, morts sous le règne de Henri III, indique celle de Philibert Delorme, architecte, arrivée en 1577, celle de Ronsard, en 1585, mais ne parle aucunement de celle de Pierre Lescot, mort en 1578.

bien qu'à cette époque ce courtisan, qui remplissait encore sous le règne de Henri III, ainsi que
je viens de le prouver, la place de superintendant des bâtiments du Louvre, dût jouir d'une
grande considération à la cour de ce dernier des
Valois.

4° Le silence que de même a gardé de ce fait
l'architecte Androuet du Cerceau, lequel, dans le
premier volume de ses *plus excellents bâtiments
de France*, en parlant du palais du Louvre', dit
simplement *que le tout, commencé du vivant du
feu roi François I*er, *a été parachevé par le roi
Henri II, son fils, sur l'ordonnance et conduite
du seigneur de Clagny,* mais sans lui donner aucunement le titre d'architecte.

5° Et qu'enfin Jean Goujon lui-même, qui, dans
la situation perplexe où il se trouvait en sa qualité
de protestant, avait le plus grand besoin et le
plus grand intérêt à se ménager la protection
immédiate de ce puissant personnage, loin de
chercher à se rendre Lescot favorable, en le ci-
tant dans ses écrits comme étant le plus habile
architecte de son époque, n'a cependant parlé
de lui dans son traité de perspective que d'une
manière très-évasive, en disant seulement, après
avoir nommé les auteurs qui ont écrit sur cet
art, *qu'il en connoît plusieurs autres qui sont*

capables de ce faire, néanmoins ils ne s'en sont encore mis en peine, et pourtant ne sont dignes de petites louanges. Entre ceux-là se peut compter le seigneur de Clagny, Parisien, si fait aussi maître Delorme, architecte, dont il vante les constructions sans parler aucunement de celles de Pierre Lescot.

Peut-être va-t-on me dire : Mais si vous persistez à soutenir, malgré tous les biographes qui ont affirmé le contraire, que lors de la construction de cette portion du Louvre, Pierre Lescot n'a joué d'autres rôles, en sa qualité de superintendant de ce monument, que ceux de surveillant et d'ordonnateur des payements à faire aux entrepreneurs chargés de l'exécution de ces travaux, citez-nous donc à votre tour les noms des historiens qui ont attribué à Jean Goujon l'honneur d'avoir conçu, et celui d'avoir exécuté seul ce chef-d'œuvre d'architecture.

A cette question inopportune, puisque déjà j'ai fait connaître lès lettres patentes, et les autres actes qui répondent complétement à cette interpellation, j'ajouterai que, s'il a manqué à ce célèbre artiste un ou plusieurs historiens pour consigner dans leurs écrits les preuves de sa haute capacité et celles de sa célébrité, capacité et célébrité telles que Henri II, malgré la haine qu'il

avait vouée aux protestants, l'employa spécialement pour exécuter les travaux publics destinés
à faire l'ornement de sa capitale,

C'est que, depuis le jour où François Ier, dans
le festin dont j'ai parlé précédemment, avait juré
l'extermination totale de cette secte, extermination qu'après lui tentèrent visiblement Henri II
et Catherine de Médicis, mais dont l'horrible
exécution était réservée à l'infâme Charles IX;
c'est, dis-je, que depuis ce jour nul ne pouvait,
en France, élever la voix en faveur de ces infor-
tunés proscrits, sans que les chefs du clergé
catholique s'emparassent à l'instant de l'auda-
cieux défenseur, pour le livrer de suite aux
maillotiers chargés de l'assommer (1).

(1) Pierre de l'Estoile, édition de 1744, t. v du *Journal
de Henri* III, p. 530, 533, 540, 545 et 557.

Jacques Androuet du Cerceau.

Admirateur des triples et beaux talents de
Jacques Androuet du Cerceau (1), talents qui,

(1) Il était fécond et savant architecte, très-habile graveur, et dessinateur plein de talent, ainsi que le prouve le
beau dessin dont m'a fait cadeau M. Le Bas, habile architecte et membre de l'Institut; lequel dessin j'ai joint dans
le tome second de ses œuvres, au plan de sa maison, et à
plusieurs eaux-fortes de ses arcs de triomphe.

suivant moi, l'ont placé au rang des plus habiles
architectes et graveurs français du seizième siècle, j'ai cherché longtemps, mais en vain, un
historien qui me fît connaître son origine, ainsi
que les événements heureux qui firent de ce simple
artiste de province un homme de cour, et successivement l'architecte de quatre rois de France.

Mais ces recherches infructueuses m'ayant
seulement convaincu que les biographes anciens
et modernes qui avaient parlé de lui s'étaient
contentés, les uns par ignorance ou mauvaise
foi, de lui donner une origine obscure, et souvent ridicule (1),

Tandis que les autres, imitant en cela les premiers historiens de la Grèce, qui firent d'un seul
Hercule le héros de tous les hauts faits de l'antiquité, lui avaient attribué, de leur propre mou-
vement, et sans discernement, non-seulement
les travaux exécutés par son père à Gaillon, en
1505, mais encore ceux de son fils Baptiste, en
le faisant l'architecte du Pont-Neuf et celui d'une

---

(1) Vergnaud Romagnesi, auteur de l'*Indicateur orléanais*,
t. II, p. 638, et M. Dargenville, t. I, p. 37, édit. 1791,
parlent d'ignorants biographes, qui prétendent qu'il naquit
à Paris, et que, fils d'un marchand de vin ayant pour ensei-
gne un cerceau d'or, ses enfants s'en firent une espèce de
titre de seigneurie.

portion de la galerie du Louvre (1), travaux
dont fut seulement et successivement chargé le
jeune du Cerceau; savoir : par Henri III, depuis
1576 jusqu'en 1588; et, à dater de cette époque,
par Henri IV jusqu'à la mort de ce roi, en 1610,

Pour réfuter complétement les erreurs grossières dans lesquelles sont tombés ces biographes,
et contrairement à la manière dont ils ont procédé, je vais, appuyé de preuves irrécusables,
faire connaître succinctement à mes lecteurs les
principaux événements de la vie artistique de
cet architecte, ainsi que ses droits à une grande
et juste célébrité.

Jacques Androuet du Cerceau naquit à Orléans (2) vers le commencement du seizième
siècle; siècle à jamais mémorable, par le grand
nombre des hommes extraordinaires en tous genres qui parurent à cette époque.

(1) Pingeron, *Vies des architectes anciens et modernes*,
t. II, p. 84.

Quatremère de Quincy, *Histoire de la vie et des ouvrages
des plus célèbres architectes*, t. II, p. 352.

Dargenville, déjà cité, Vergnaud Romagnesi, *idem*, et
autres que je crois inutile de nommer.

(2) Vergnaud Romagnesi, déjà cité, et Polluche, auteur
des *Essais historiques sur Orléans*, page 193, et plus encore,
les ouvrages que du Cerceau a publiés à Orléans, avant
de venir à Paris fixer sa résidence.

Son père, architecte dans la même ville, fut chargé, en 1505, avec Jules Joconde (religieux dominicain, à qui nous sommes redevables d'une édition de Vitruve, imprimée pour la première fois à Venise, en 1511), et qui, alors, construisait à Paris le pont Notre-Dame (1), de rebâtir, pour le premier cardinal Georges d'Amboise, le château de Gaillon, détruit en 1423 par les troupes du duc de Béfort, château dont Paul Ponce exécuta la sculpture historique, et Juste de Tour celle des ornements (2).

Élevé dans la religion protestante, celle de sa famille, le jeune du Cerceau, d'un caractère doux, conséquence naturelle et presque toujours obligée d'une constitution délicate (3), fit de bonnes études, qui le mirent à même d'écrire avec facilité les langues latine et française, et surtout

---

(1) Ce pont, commencé en 1479, ne fut terminé qu'en 1513. Jaillot, t. 1, p. 194.

(2) *Extrait des archives du château de Gaillon,* par Taylor, Nodier et Cailleux, auteurs du *Voyage pittoresque de la France.*

(3) Pour convaincre mes lecteurs de la véracité de cette assertion, je les invite à lire ce que dit du Cerceau à Catherine de Médicis, en lui présentant le premier volume de ses *Plus excellents bâtiments de France,* bien qu'à cette époque il eût à peine 63 ans.

cette dernière , avec plus de pureté que ne le
firent les architectes Bullant, Delorme et Jean
Goujon, ses contemporains.

Ses études terminées, son père lui enseigna
l'architecture, et Stephanus Delaulne, le plus ancien graveur français connu, né à Orléans, où il
exerçait tout à la fois, avec le plus grand succès,
les professions d'orfévre, de dessinateur et de
graveur, dont les ouvrages sont très-recher-
chés par les amateurs (1), fut son maître de dessin, et en même temps lui apprit à se servir de
son burin avec facilité.

Mais à peine eut-il acquis quelque confiance
dans ses talents naissants, que, désireux de se
faire connaître, le jeune du Cerceau publia d'a-
bord à Orléans, mais sans nom d'auteur et sans
date, un volume, contenant le résultat de ses
premières études en architecture, ainsi qu'il le
déclare ensuite dans l'Avis au lecteur qu'il a mis
en tête de son petit volume de Temples et de
Logements domestiques (2); puis, en 1549, dans

(1) Polluche, déjà nommé, p. 193, et le *Dictionnaire
historique des Graveurs français.*

(2) Cet ouvrage fait partie du second volume de l'œuvre
complète de du Cerceau, que je possède, et c'est à l'obli-
geance de M. Achille Leclerc, architecte habile et membre
de l'Institut, que je suis redevable de la possession de ce

la même ville, mais cette fois avec son nom, un
volume d'Arcs de triomphe, au nombre de vingt-
cinq, dont seize de sa composition, et les neuf
autres imités d'après l'antique ; puis, toujours
à Orléans, en 1550, un volume de Perspectives
d'après Leonardo Teodorico, peintre et graveur
italien, mort à Anvers, au commencement du
seizième siècle, plus un volume d'Arabesques,
ainsi que son volume de Temples et de Logements domestiques dont il vient d'être parlé ;
puis, enfin, et toujours à Orléans, en 1551, un
volume de Perspectives d'après Michel Crechi-
Luchese, autre graveur italien, qui dédia cet
ouvrage au cardinal Sforza, frère du premier
grand-duc de Milan, et dont du Cerceau, en le
publiant sous son nom, eut la faiblesse de ne
point faire connaître celui du premier auteur.

A la vue de ces publications, faites à des dates
aussi rapprochées, les habitants catholiques d'Orléans qui, à cette époque, croyaient fermement
qu'eux et leurs prêtres étaient les seuls hommes
dignes de vivre, ayant été frappés d'étonnement,
changèrent en admiration les haines invétérées
qu'ils portaient à la famille du Cerceau.

volume, que je n'ai jamais trouvé dans les ventes de livres,
ni chez aucun libraire.

Ce fut à cette époque que le cardinal de Bourbon, devenu à son tour possesseur du château
de Gaillon, ayant également partagé cette admiration, appela près de lui le jeune du Cerceau,
pour le consulter sur les réparations et agran-
dissements qu'il se proposait de faire à son nouveau manoir, travaux qui, toutefois, ne furent
commencés par cet architecte qu'en 1576, à cause
des troubles qui alors désolaient la France (1).

Cette marque de confiance inespérée, l'un des
plus heureux événements de la vie de du Cerceau,
ayant mis le cardinal de Bourbon à même d'apprécier le mérite et la variété des talents de ce
jeune artiste, ainsi que les formes pleines d'amé-
nité de son caractère, ce fut alors que, l'ayant
pris en affection, non-seulement ce cardinal se
l'attacha, mais encore le présenta et le recom-
manda à Henri II, pendant son séjour à Montargis
en 1552, auquel, pour s'en faire accueillir favo-
rablement, du Cerceau présenta son volume de
Temples et de Logements domestiques.

Cependant, il paraît que, malgré les recom-
mandations de ce puissant protecteur, recom-

(1) Lire ce que dit, à ce sujet, Vergnaud Romagnesi, t. 1,
p. 177, dans son *Indicateur orléanais,* récit que je n'ai
point transcrit pour ne point affliger mes lecteurs.

6.

mandations qui avaient déterminé du Cerceau
à quitter sa ville natale, pour venir à Paris fixer
sa résidence, afin d'être plus rapproché de la
cour (1); il paraît, dis-je, que, malgré ces recom-
mandations, Henri II, dominé par ses vices, son
ignorance, et surtout par l'afféterie des caresses
de sa vieille maîtresse, la fameuse Diane de Poitiers, duchesse de Valentinois (2), qui protégeait
spécialement Jean Delorme, son architecte, oublia
tout à fait son recommandé, puisque du Cerceau,

(1) Du Cerceau, dans le volume de maisons qu'il se proposait de présenter à Henri II, déclare, dans la préface en
tête de ce volume, *qu'il n'a pu le terminer aussi promptement qu'il l'auroit désiré, attendu qu'il a été obligé d'employer son temps à autres vacations.*

(2) Le président Hénault, p. 556 de son *Abrégé de l'histoire de France*, édit. de 1765, dit que Diane de Poitiers
avait 47 ans, lorsque Henri II en devint amoureux; mais je
crois que cet historien, d'ailleurs très-exact, a commis une
erreur, car M. du Sommerard, antiquaire fort instruit, affirme,
dans sa notice sur l'hôtel de Cluny, que cette femme galante n'avait, à cette époque, que 33 ans, âge suivant moi
déjà plus que raisonnable pour une coquette, ayant encore
la prétention de faire de royales conquêtes.

Au surplus, Brantôme, dans son volume des *Femmes
illustres de cette époque*, dit que Diane de Poitiers, lorsqu'elle
mourut, à l'âge de 66 ans, le 26 avril 1566, était encore
l'une des plus belles femmes de la cour.

pour rappeler à ce prince le souvenir de ses premières promesses, prit le parti de lui dédier, en
1559, un autre volume de sa composition, ayant
pour titre : *Cinquante Bâtiments, tous différents,
pour servir aux Princes, Seigneurs, Gens de
moyens et petits états, qui voudront bâtir aux
champs.*

Mais encore cette fois du Cerceau fut trompé
dans son attente; car Henri II mourut à Paris,
le 10 juillet de la même année, des suites du
coup de lance que Montgomery lui avait porté
dans l'œil droit, dans un tournoi qui eut lieu
près du palais des Tournelles, dans lequel tournoi
ce prince, oubliant qu'il était roi de France, et
malgré les instances réitérées de ses courtisans,
voulut se mesurer contre l'un de ses sujets, et le
plus rude adversaire connu dans ces sortes de
luttes.

Malgré ce double désappointement, au moment où François II, à peine âgé de seize ans,
monta sur le trône, du Cerceau, sans perdre
courage, et peut-être avec la conviction que le
crédit mal affermi qu'il avait obtenu à la cour
de Henri II, son père, avait besoin, pour se con-
solider, de la protection spéciale de ce jeune
prince, s'empressa, pour l'obtenir, de terminer,
en 1560, un second volume d'Arcs de triomphe.

et de Monuments anciens, dont il se proposait
de lui faire hommage, lorsque, contre toute attente, cette nullité royale mourut à Orléans, le
5 décembre de la même année, événement qui
détermina du Cerceau à supprimer de ce volume
la dédicace obligée, et à la remplacer par un titre
en latin, indiquant qu'il était le complément de
celui qu'il avait publié en 1549.

Enfin, la fortune étant venue au secours de
du Cerceau, ses jours néfastes cessèrent; car il
trouva dans Charles IX, à son avénement au
trône, un protecteur très-prononcé, ainsi que le
fait présumer la dédicace qu'il a mise en tête de
son volume intitulé : Plusieurs et diverses Ordonnances de Cheminées, Lucarnes, Portes, etc.,
volume qu'il dédia à ce prince en 1561.

Mais ce qui mit le comble au désir qu'il avait
d'obtenir les faveurs de la cour, désir qu'il n'a-
vait pu satisfaire sous les deux règnes précé-
dents, fut les témoignages d'estime que lui donna
particulièrement Catherine de Médicis, reine de
fait, sous le nom de tutrice de ses enfants mineurs, femme artificieuse, et, comme le plus
grand nombre de ses aïeux, véritable composé
de crimes et de magnificence : laquelle ayant ap-
précié le mérite des divers talents de du Cerceau,
le chargea non-seulement de la construction de

ses bains au Louvre (1) et des réparations à faire
au château de Montargis, ainsi qu'il le déclare
en parlant de celui de Villers-Cotterets, mais encore l'excita à s'occuper de suite du projet qu'il
avait conçu depuis longtemps, celui de réunir
en un même corps d'ouvrage les vues des plus
excellents bâtiments de France; entreprise considérable pour cette époque, et dont il paraît
qu'elle facilita la réussite, en fournissant à du
Cerceau les fonds nécessaires pour la mettre à
exécution (2).

Cette protection subite et pleine d'éclat ayant
mis du Cerceau sur le pinacle, les courtisans,
jaloux de se rendre agréables à cette toute-puis-
sante princesse, s'empressèrent de l'employer.

(1) Ces bains, presque entièrement consumés par un
incendie, le 6 février 1661, ont été reconstruits et réunis
aux belles salles du Musée des antiques.

C'est de la croisée de ces bains, donnant sur le quai du
Louvre, que Charles IX tuait à coups de carabine les
malheureux protestants qui, pour échapper aux massacres
de la Saint-Barthélemy, cherchaient à se sauver en traver-
sant la Seine à la nage.

(2) Lire dans la préface, en tête du premier volume des
plus excellents bâtiments de France, ce que dit du Cerceau
à Catherine de Médicis, en lui faisant hommage de ce
volume.

De ce nombre furent Maximilien de Béthune,
duc de Sully, qui lui fit construire un hôtel considérable, rue Saint-Antoine ; le Ragois de Bretonvillers, pour lequel il en éleva un autre, à la
pointe de l'île Saint-Louis, et le président de Li-
gneris qui lui fit bâtir le sien, rue Culture Sainte-
Catherine, hôtel dont Jean Goujon orna de sculptures la porte d'entrée, et que ce président vendit
ensuite, en 1678, à Françoise de la Baume, veuve
Carnavalet, dont l'époux, digne seigneur, dit
Brantôme, avait été le gouverneur de Henri III,
laquelle lui donna le nom qu'il porte encore aujourd'hui, bien que depuis cette époque, cet hôtel,
habité par madame de Sévigné, ait ensuite appartenu à beaucoup d'autres propriétaires (1).

A ces constructions très-importantes, je pour-
rais en ajouter beaucoup d'autres qui lui sont
également attribuées par plusieurs historiens de

(1) Ces trois hôtels qui existent encore, en cette année
1842, portent dans les rues où ils sont situés, savoir :

Le premier, rue Saint-Antoine, le n° 143 ; le second,
rue de Bretonvillers, île Saint-Louis, le n° 25 ; et le troisième, rue Culture Sainte-Catherine, le n° 23.

Nota. On voit encore, dans l'une des pièces de l'hôtel de Sully,
un beau pavé en mosaïque, dont Villemain a fait un dessin, qu'il
a gravé et inséré dans son ouvrage ayant pour titre : *Monuments
français inédits.*

cette époque (1), mais dont, toutefois, je ne par-
lerai point, pour éviter des discussions fastidieu-
ses, et sans utilité pour le plus grand nombre de
mes lecteurs, bien que l'on puisse admettre ces
faits comme constants, surtout si l'on remarque
que pendant les dix années qui précédèrent son
premier exil volontaire en 1572, c'est-à-dire,
depuis 1561 jusqu'à 1571, du Cerceau ne publia
aucun nouvel ouvrage, ce qu'il n'avait jamais
négligé de faire, même à des dates très-rappro-
chées, à moins que, pour varier ses nombreuses
occupations, cet architecte ait préféré mettre
la dernière main à un superbe manuscrit, que je
possède, lequel porte la date de 1560, et contient

(1) Et particulièrement l'ancien hôtel Mayenne, sis à
Paris, rue Saint-Antoine, au coin de celle du Petit-Musc.

C'est de même à tort que Piganiol de la Force, t. III,
p. 249, attribue à Jacques Androuet du Cerceau, et non à
son fils Baptiste, la reconstruction partielle de l'hôtel de
Bellegarde, situé entre la rue de Grenelle et celle du Bou-
loi, puisque ces travaux ne furent exécutés qu'en 1612,
vingt ans après la mort de du Cerceau père.

Nota. C'est dans cet hôtel, le 8 juin 1572, quelques jours avant
es massacres de la Saint-Barthélemy, que mourut empoisonnée
Jeanne d'Albret, mère de Henri IV, femme d'un grand caractère,
disent Brantôme et Germain Brice, t. I, p. 477, ainsi que le président Hénault, t. I, p. 542, édit. de 1775.

vingt-quatre grands dessins, exécutés sur par-
chemin, représentant des palais, des châteaux,
des monuments et des places publiques; le tout
exécuté avec la plus rare perfection.

Si, ensuite, il m'est permis d'assigner une cause
naturelle au premier exil que du Cerceau s'im-
posa volontairement, deux années avant la mort
de Charles IX, arrivée au château de Vincennes,
le 30 mai 1572, à la suite des souffrances affreu-
ses, mais justement méritées, qui accompagnèrent
les derniers moments de la vie de cet infâme monarque,

Je crois pouvoir affirmer, surtout à l'aide de la
connaissance que j'ai acquise du caractère de cet
architecte, par suite de la lecture attentive et
souvent répétée que j'ai faite du peu d'écrits qu'il
nous a laissés, que ses fréquentes relations avec
les favoris de Charles IX l'ayant mis à même de
pressentir à l'avance les funestes effets que devait produire la haine furibonde que ce roi,
d'un caractère violent et cruel, portait, ainsi que
son artificieuse mère, à ceux de sa croyance;
haine qui, plus tard, enfanta les crimes de la
Saint-Barthélemy; que ce fut, dis-je, ce pressentiment qui détermina du Cerceau à se retirer à
Turin auprès du duc de Savoie, pour se soustraire à des dangers prévus depuis longtemps;

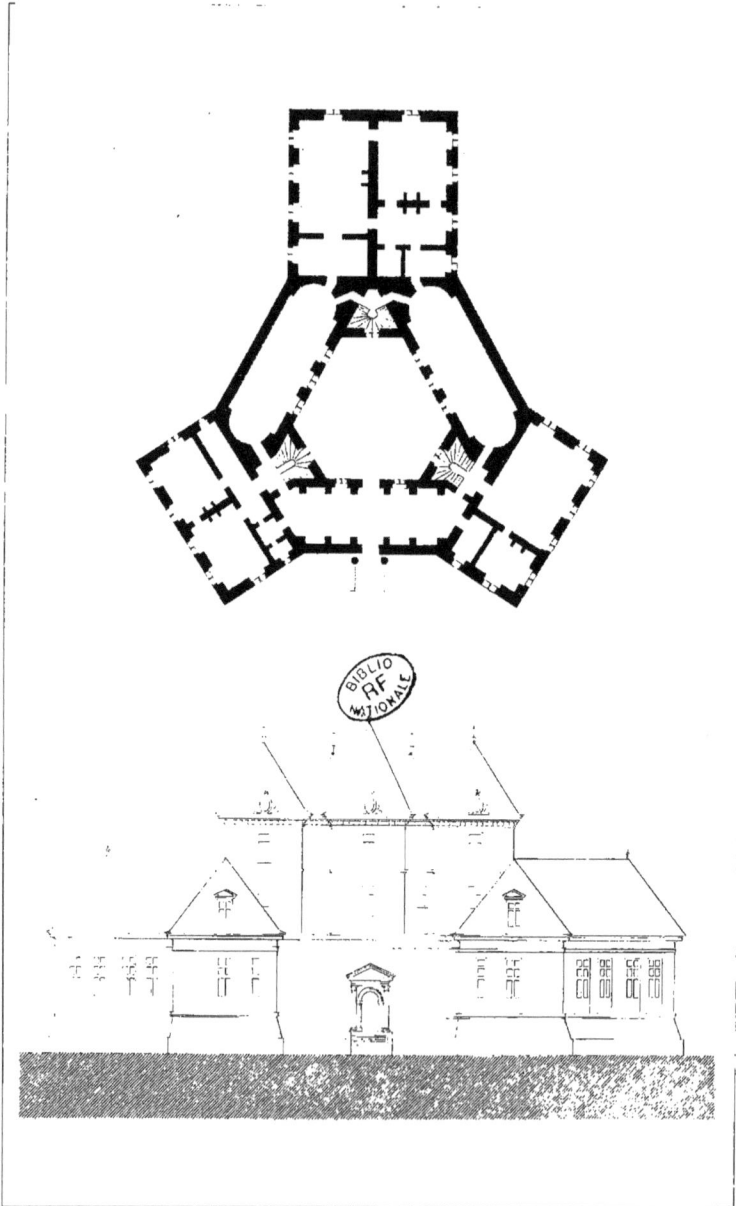

PLAN ET ÉLÉVATION DE LA MAISON DE DUCERCEAU.

Pressentiment doublement heureux, qui non-
seulement lui sauva la vie, puisqu'il est prouvé
que ce sanguinaire monarque ne donna qu'à
regret un sauf-conduit à sa nourrice, et surtout
au protestant Ambroise Paré, le plus habile chi-
rurgien de cette époque, qu'il n'épargna, dit
l'histoire, qu'avec l'espoir d'être guéri par lui de
la maladie honteuse dont il mourut;

Et qu'ensuite, deux années après, du Cerceau
trouva l'occasion favorable et inattendue de re-
voir sa patrie, en se faisant recommander par son
nouveau protecteur, le duc de Savoie, à Henri III,
au moment où ce prince, échappé de la Pologne,
dont, pendant quelque temps, il avait été roi,
traversait Turin en 1574 pour revenir en France
occuper le trône que la mort de son frère venait
de rendre vacant.

Fort de cette recommandation, du Cerceau
quitta cette ville et revint à Paris, habiter la
maison qu'il s'était bâtie, sur un terrain faisant
partie du petit Pré aux Clercs, près de la porte
de Nesle; maison, dit de l'Étoile, construite avec
grand artifice (1), et dont j'ai joint un plan et

(1) C'est sur le terrain occupé par ce pré qu'a été tracé
le quai Malaquais, et qu'ont été ouvertes les rues Mazarine,
de Seine, des Petits-Augustins et des Saints-Pères, et que
de même a été construit, tant sur une portion de ce pré

une élévation au volume des Arcs de triomphe
de cet architecte, que je possède.

Mais à peine remis de ses fatigues, cet habile
homme, que son grand âge ne rendait que plus
actif, pour remplir ses engagements envers Catherine de Médicis, s'empressa de lui offrir, comme
un premier hommage de sa reconnaissance, et
de publier en même temps, en 1576, deux volumes qu'il n'avait pu terminer avant son exil
volontaire,

L'un ayant pour titre : Leçons de perspective
positive, et l'autre intitulé : Premier volume des
plus excellents bâtiments de France.

En les recevant, Catherine de Médicis, probablement touchée des marques inespérées d'attachement et de probité que lui donnait du Cerceau, et qui, peut-être aussi, se rappelait avec
plaisir que, pour flatter son amour-propre, cet
architecte, ainsi que le prouve le beau dessin
que j'ai de lui (1), l'avait fait représenter dans

que sur l'emplacement occupé par la tour de Nesle, le
collége Mazarin, à présent appelé palais de l'Institut.

(1) C'est à M. Le Bas, architecte très-habile et membre
de l'Institut, que j'ai déjà cité, que je suis redevable de
la possession de ce beau dessin, que j'ai joint, ainsi que
sa lettre d'envoi, à l'œuvre le plus complet de du Cerceau
qui existe et que je possède.

une des salles de son palais, sous les traits et
avec les attributs de la Vénus victrix ;

Ce fut alors que, pour lui donner une nouvelle
preuve de sa satisfaction, cette femme, qu'aucune
considération ne retenait, agissant toujours en
reine, bien que Henri III eût épousé en 1577
Louise de Lorraine, le chargea de terminer le
tombeau des Valois à Saint-Denis, que la mort
de Philibert Delorme, arrivée la même année,
avait laissé inachevé.

Mais sans avoir égard aux soins multipliés que
lui imposait la surveillance des nouveaux travaux
dont il venait d'être chargé, et de ceux du château
de Gaillon qu'il terminait, du Cerceau, que l'amour
de son art et le désir qu'il avait de complaire à
sa bienfaitrice rendaient infatigable, publia, en
1579, un second volume de ses plus excellents
bâtiments de France, qu'il dédia de même à Catherine de Médicis, dont, suivant toute apparence,
il préférait la protection à celle du nouveau parvenu Henri III.

Cependant, malgré la répugnance que d'abord
dut éprouver du Cerceau à solliciter les faveurs
d'un roi dont les goûts dépravés (1) ne pouvaient

_____

(1) Ce roi, dit de l'Estoile, t. 1, p. 205, édit. de 1744,
avoit une telle aversion pour les femmes, que celles qu'il

sympathiser avec la rigidité de ses mœurs, toutefois il paraît que ce vieillard, désireux de conserver le peu de crédit qu'il avait encore à la
cour de ce prince, fit abjuration de sévérité,
puisqu'il lui présenta, en 1582, le second volume
de ses bâtiments, intitulé : *Pour Seigneurs, Gen-*
tils-hommes et autres qui voudront bâtir aux
champs ; dernier ouvrage qu'il fit imprimer à
Paris.

Henri III, en le recevant avec sa dissimulation
ordinaire, ayant fait pressentir à du Cerceau,
peut-être avec l'intention de l'éloigner de sa personne, ainsi que le dit de l'Estoile, *que pour qu'il*
lui continuât ses faveurs, il falloit qu'il changeât
de religion ; ordre qu'ensuite il lui signifia im-
pérativement en 1585, en alléguant, dit le même
historien, *que les catholiques lui faisoient un*
crime de conserver un huguenot pour architecte ;

Attristé par cette exigence, et peut-être dou-
loureusement affecté de la faveur avilissante dont
son fils jouissait à la cour de Henri III, ce fut
alors que du Cerceau, fatigué des vicissitudes de

admit et qui furent employées à faire le service du festin
qu'il donna au Plessis-lez-Tours, à M. le duc, son frère, et
aux capitaines qui l'avoient accompagné au siège et à la
prise de la Charité, bien qu'à moitié nues, portoient des
habits d'homme de couleur verte.

la fortune, vicissitudes qu'il avait supportées
avec résignation, ainsi que le faisaient ceux de
sa croyance, prit de nouveau la résolution de
renoncer aux modestes jouissances que lui avaient
lentement procurées ses nombreuses occupations,
et de retourner à Turin; ce qu'il fit, dit le même
historien, *après avoir pris congé de Henri III,*
à qui il déclara qu'il aimoit mieux quitter l'ami-
tié du roi et renoncer à ses promesses, que d'aller
à la messe, le suppliant seulement de ne trouver
mauvais qu'il fût aussi fidèle à Dieu qu'il avoit
été et le seroit toujours à Sa Majesté (1), laissant
en même temps, et pour la seconde fois, sa jolie
maison à son fils Baptiste.

De retour à Turin, du Cerceau qui, lors de
son premier séjour dans cette ville, avait réduit
et gravé le grand et beau plan de Rome antique,
que le célèbre architecte Pyrro Legorio avait
publié et dédié en 1565 au pape Pie IV (2), qui

(1) De l'Estoile, en rapportant ce discours d'adieu, donne
à du Cerceau le titre d'*excellent architecte du roi.*

(2) Ce plan, que je n'ai jamais eu l'occasion d'acheter,
est si rare à Paris, que même on ne le trouve point dans
le cabinet des estampes de la bibliothèque du roi, ce qui
m'a déterminé, pour compléter mon œuvre de du Cerceau,
à le remplacer par un autre plan de Rome antique, également gravé en vue d'oiseau, et qui, de même que celui

mourut la même année que Palladio en 1580,
joignit ce premier travail à son volume des édifices antiques de Rome, qu'il présenta en 1586
au duc de Savoie, son dernier protecteur.

Puis, dans le silence de la retraite qu'il s'était
imposée, du Cerceau, qui ne cessa de travailler
que lorsqu'il cessa de vivre, consacra les dernières
années de son existence à remplir librement les
devoirs de sa religion, et à composer et graver
un second volume d'arabesques, plein de goût,
un volume de meubles très-variés, ainsi qu'un
volume de vases, dont onze réduits et gravés
d'après ceux d'Augustin Vénitien, vases dont la
gravure, faiblement exécutée, prouve que ce fut
son dernier ouvrage (1).

Enfin, du Cerceau, l'homme le plus laborieux
et le plus ingénieux des artistes français de son
époque, qui possédait au plus haut degré toutes
les connaissances des deux arts qu'il professait,

de cet architecte, indique parfaitement les places qu'occu-
paient dans Rome les monuments que cet architecte a
cherché à représenter le plus fidèlement possible, dans son
volume intitulé : *Les édifices antiques de Rome.*

(1) Ces derniers ouvrages de du Cerceau nous seraient
inconnus, comme étant de lui, si Milizia, Jombert, Monaldini et Siemacher, ne les eussent cités ou publiés, en
nous faisant connaître le nom du premier auteur.

après avoir parcouru une carrière pleine d'honneur, de même que quelques grands architectes ses contemporains, accablé comme eux d'infirmités, et comme eux éprouvant, loin de sa patrie, les angoisses d'un exil non mérité (1), mourut à Turin, en 1592, à l'âge d'environ soixante-seize ans.

(1) En 1552, Serlio mourut à Fontainebleau, dans l'indigence. En 1653, Inigo Jones, l'un des plus habiles architectes de l'Angleterre, mourut à Londres, dans la plus profonde misère, à la suite de la taxe de 545 livres sterling que l'on exigea de lui, pour le punir de son attachement à la personne de l'infortuné Charles 1er, dont il avait été l'architecte. (*Nouveau dictionnaire des grands hommes*, et Dargenville, t. 1, p. 272, édit. de 1831.)

Jean-Baptiste du Cerceau,

ARCHITECTE DE HENRI III ET DE HENRI IV.

Le récit des événements connus de la vie artistique de JEAN-BAPTISTE DU CERCEAU étant le
complément naturel et même indispensable des
preuves que j'ai réunies dans cette notice, pour
démontrer aux plus incrédules, que ce n'est
point à Jacques Androuet du Cerceau père qu'il
convient d'attribuer la construction du Pont-
Neuf, sous Henri II, et celle d'une portion de
la galerie du Louvre, à la suite du Pavillon

7.

de Flore, sous Henri IV, mais bien à son fils
Jean-Baptiste,

Je vais de suite, et sans commentaire, raconter
fidèlement tout ce que le hasard, dans mes nombreuses et minutieuses recherches historiques,
m'a fait découvrir d'intéressant et d'irrécusable à
ce sujet ; heureux si ce récit, produisant la conviction, peut mettre un terme à cette ancienne erreur,
dont l'origine a pour base la crédule simplicité du
peuple à cette époque, et pour propagateur, l'in-
souciance des biographes qui l'ont accréditée.

M. de Nevers, historien et personnage recom-
mandable, en parlant de Jean-Baptiste du Cerceau, rapporte (tome II, page 286 de ses mémoires) qu'en 1575, Henri III voulant faire construire une maison de plaisance hors et près de
Paris, chargea d'abord de cette bâtisse un nommé
Magny, demeurant dans cette ville; mais qu'ensuite s'étant aperçu que ce Magny était un vieillard qui ne se connaissait point en architecture,
qu'il avait la main trop lourde pour faire des
portraits (c'est-à-dire des dessins), et qu'il occupait chez lui, en qualité de dessinateur, pour les
lui faire, le jeune du Cerceau, garçon diligent,
actif et soigneux aux commandements qui lui
étaient faits, et que, bien que de petite taille,
ce fut par ce moyen qu'il fut introduit au ser-

vice de S. M., qui en fit ensuite le plus grand architecte du royaume ; et qu'en raison de sa suffisance et diligence, Henri III, feignant de ne pas
le reconnaître pour huguenot, attendu, surtout,
que ce jeune homme était très-réservé et qu'il
évitait de passer pour protestant, ce roi le chargea de grands travaux, qu'il exécuta peut-être
à contre-cœur, tels que plusieurs portraits d'é-
glises, de chapelles, d'oratoires et autres, pour
dire la messe, et particulièrement le monastère
des Capucins, celui des Feuillants à Paris, ainsi
que celui des Bons-Hommes, au bois de Vincennes, celui des Pénitents et le couvent des Augustins, à Paris ;

Mais qu'il n'en fut pas de même d'un monument (1) considérable qu'il devait construire près

(1) Il paraît que le monument dont il est ici parlé est le
même que celui que Henri IV voulut ensuite exécuter en
faisant d'abord remblayer un terrain d'une vaste étendue
très-rapproché du palais des Tournelles, et sur lequel, faute
d'écoulement, séjournait constamment une masse d'eau considérable, ce qui avait fait donner à cette portion de Paris
le nom de Marais, qu'elle porte encore en ce moment.

Ce remblai terminé, Henri IV se proposait ensuite de
faire construire sur cet emplacement une place de forme
hémicycle, où venaient aboutir huit rues d'une grande
dimension, dont les intervalles étaient remplis par des

le palais des Tournelles, attendu que les catholiques, en mai 1588, le forcèrent de sortir de

masses de bâtiments élevés de deux étages carrés, sur un rez-de-chaussée construit en arcades formant galerie couverte, ainsi qu'il existe à la place Royale,

Monument magnifique, ainsi que le prouve une vue de cette place, que l'on trouve dans l'œuvre de Chastillon, vol. in-fol., imprimé à Paris en 1640, par Jacques Pouissart,

Lequel ouvrage a pour titre sur la couverture : *Topographie française.*

Le plan de ce monument architectural, dont la mort inattendue de Henri IV suspendit l'exécution, ayant fait naître chez le cardinal de Richelieu le désir de mettre à exécution, mais mesquinement, une partie du projet arrêté par cet excellent roi, ce fut alors que ce ministre, avec les débris du palais des Tournelles, fit construire la triste place Royale, au centre de laquelle il fit élever le 27 septembre 1639, à Louis XIII, le plus niais roi de France, une statue équestre en bronze, dépense considérable, dont malgré sa grande parcimonie ce cardinal fit tous les frais.

Cette statue, œuvre d'un sculpteur français nommé Biard, était fort belle, et le cheval, dont les mouvements étaient pleins de vie et d'une exécution magnifique, avait été modelé et fondu par le sculpteur Daniel Ricciarelli, né à Volterre, en Italie.

Le 13 août 1792, cette statue, celle de Henri IV sur le terre-plein du Pont-Neuf, les deux statues de Louis XIV, l'une pédestre, place des Victoires, l'autre équestre, place de Vendôme, et celle équestre de Louis XV, place du même nom, remplacée en ce moment par l'obélisque de

Paris, au moment où Henri III, menacé par les Seize et par le duc de Guise, abandonnait lui-même sa capitale.

Chassé de cette ville, le jeune du Cerceau s'étant retiré auprès du roi de Navarre, depuis Henri IV, ce prince, dit de l'Estoile, le chargea de fortifier les villes de Melun et de Pontoise (1).

Ces travaux lui ayant attiré la confiance de ce roi, ce fut alors qu'à son avénement au trône de France, Henri IV le nomma son architecte, et lui confia le soin de terminer les constructions du pavillon de Flore et celles de la galerie du Louvre commencées par Dupérac et Bullant, lesquelles constructions étaient restées inachevées par suite de la retraite de Bullant à Écouen, à cause de son grand âge, et de la mort de Dupérac, arrivée en 1601, ainsi que je l'ai fait connaître précédemment.

Après avoir rappelé aux souvenirs de mes lec-

Luxor, furent renversées par une foule d'hommes, la plupart étrangers, ayant à leur tête, comme chef commandant ces destructions, une Prussienne, habillée en Amazone, qui se faisait appeler la demoiselle Théorine de Méricourt (mais quelle demoiselle!)

(1) De l'Estoile, tom. IV, pag. 289 de la Chronique de Henri IV.

teurs tout ce que M. de Nevers rapporte des faveurs dont Henri III et Henri IV comblèrent le jeune du Cerceau, je vais citer maintenant, ce que disent de cet architecte, de l'Estoile et Germain Brice (1).

Ces deux historiens rapportent que Henri III donna à Baptiste du Cerceau le titre d'architecte, ce qui, jusqu'alors, n'avait jamais eu lieu ; qu'ensuite il le nomma surintendant de ses bâtiments, avec un traitement de 6,000 livres par an, en le chargeant, en outre, de la construction du Pont-Neuf, dont la première pierre fut posée en grande cérémonie par Henri III, le 21 mai 1578.

Fait que de même affirme Jaillot, écrivain très-véridique, tom. 1er, p. 180 de son ouvrage ayant pour titre, *Recherches sur Paris*. Lequel ajoute, que la pierre nécessaire pour cette construction, fut fournie à raison de 180 livres la toise cube, et que cet ouvrage fut continué avec tant d'activité, que les piles du côté des Augustins, furent élevées à fleur d'eau la même année, et, six mois après, jusqu'à hauteur des arches, ainsi que les piles de l'autre côté ; mais que les troubles qui agitaient le royaume suspendirent cet ouvrage ;

(1) De l'Estoile, t. 1, p. 243 de la Chronique de Henri III, et Germain Brice, t. iv, p. 159, édit. de 1752.

et que lors de la reprise des travaux, ainsi que l'affirme de l'Estoile, Henri IV, pour aller des Augustins au Louvre, traversa ce pont au risque de sa vie, le 20 juin 1603, attendu qu'il ne fut terminé que l'année suivante, par Guillaume Marchand, architecte et colonel de la ville.

Ce qui prouve que Guillaume Marchand est l'auteur de la belle corniche qui couronne ce pont, et non du Cerceau père ou fils, ainsi que le prétendent les biographes Dargenville et Quatremère de Quincy.

Événement dont parlent également Sauval, ainsi que l'auteur anonyme des *Amours de Henri IV*, petit volume in-12, imprimé à Cologne, en 1663; lesquels ensuite nous font connaître que Henri IV le chargea, comme étant son architecte particulier, de la construction du château de Monceaux, qu'il fit bâtir pour sa ·maîtresse, Gabrielle d'Estrées, laquelle prit d'abord le nom de marquise de Monceaux, puis celui de duchesse de Beaufort; que de même il le chargea de terminer le château de Verneuil, qu'il donna à mademoiselle d'Entragues, devenue sa maîtresse depuis la mort de la duchesse de Beaufort, laquelle, ainsi que Gabrielle d'Estrées, prit le nom de la terre dont Henri IV lui avait fait cadeau, en se faisant appeler la marquise de Verneuil.

Satisfait, à ce qu'il paraît, de la magnificence de ces deux châteaux et de la promptitude avec laquelle le jeune Baptiste du Cerceau les avait construits, Henri IV le nomma architecte de la ville de Paris, ainsi que le prouve un ancien manuscrit, faisant partie des archives de cette ville.

Dans ce manuscrit, dont une portion est écrite en latin, il est dit que, le 13 juillet 1553, François Ier posa avec grande cérémonie la première pierre d'un édifice destiné à remplacer (attendu son exiguïté) l'ancien hôtel de ville de Paris, alors appelé la Maison aux piliers.

Puis dans un article à la suite, écrit en français, l'auteur de ce mémoire nous apprend que, sous le règne suivant, ces travaux furent suspendus, attendu que ceux déjà commencés étaient d'un style gothique, qui déplaisait à Henri II (1). Et que pour remplacer cette première construction, un architecte italien, nommé Dominique Bonardo Cortoné, présenta à ce même roi, en 1559, un projet propre à remplacer le premier; projet

(1) Il paraît que Henri II, après avoir vu avec grand plaisir le bel effet de la décoration de la portion du Louvre construite par Jean Goujon, éprouvait de la répugnance à regarder les monuments gothiques, construits antérieurement à cette époque.

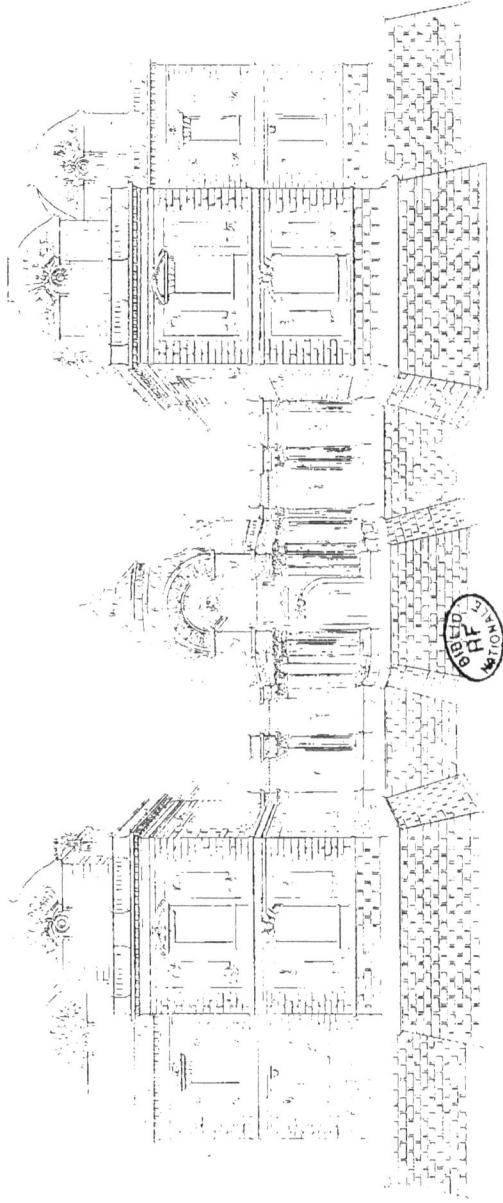

VUE DU CHATEAU DE VERNEUIL

Construit par Baptiste Ducerceau

que ce roi accepta, mais qu'il ne put mettre à exécution, dit cet historien, sans toutefois nous faire connaître la cause de cet empêchement (1).

Et que ce ne fut qu'en 1612, pendant le règne de Henri IV, que les travaux de cet hôtel de ville furent repris, à la suite des vives sollicitations de François Miron, prévôt des marchands, et après mûr examen, fait par Baptiste du Cerceau, à la demande de ce roi, du projet présenté à Henri II, par Cortoné, projet qu'ensuite Henri IV chargea du Cerceau d'exécuter, avec l'obligation de se conformer strictement aux changements qu'il avait lui-même indiqués et mentionnés dans son rapport.

Et qu'outre ces grands travaux, dit Sauval, il fut très-employé par divers particuliers, et notamment par le propriétaire de la source des eaux ferrugineuses de Passy-lez-Paris, dont il construisit l'habitation, et disposa et orna les jardins dépendant de cet établissement (2), et de

(1) Ce silence est d'autant plus extraordinaire, que cet historien ne pouvait ignorer que ce roi mourut à Paris le 10 juillet de la même année, en suite du coup de lance que Montgomery lui avait porté dans l'œil droit, dans un tournoi dont j'ai parlé précédemment.

(2) M. Fontaine, architecte du roi et mon intime ami,

même, page 195, par Roland Saulari, duc de
Bellegarde, qui lui fit arranger l'hôtel qu'il avait
acheté, en 1611, du président Séguier, situé
entre les rues de Grenelle-Saint-Honoré et du
Bouloy, hôtel dans lequel cet architecte fit beaucoup de dépenses.

De plus, Pierre Guéroult, auteur d'une histoire de Saint-Germain en Laye, dont je possède le manuscrit, lequel, en fournissant les
preuves des faits qu'il avance, affirme que
Henri IV chargea le jeune du Cerceau de terminer le château neuf de Saint-Germain en Laye,
dont François Ier s'était contenté de faire construire quelques portions des fondements;

Château dont cet historien a fait une ample et
pompeuse description qu'il a jointe au plan dé-
taillé de cet édifice, en disant ensuite que Henri IV
et Marguerite de Valois, sa première épouse,
qui l'affectionnaient particulièrement, l'habitèrent longtemps;

Et que ce fut dans ce château qu'Anne d'Au-
triche se retira après la mort de Louis XIII
son époux, et qu'elle y resta jusqu'au moment

possède les plans et les élévations de cette maison, ainsi
que les plans du jardin, des fontaines et des jets d'eau qui
en faisaient l'ornement.

où, étant près de mourir, elle se fit transporter
au Louvre.

Ce serait donc d'après un dessin qui lui aurait
été communiqué, lors du commencement de ce
château par François Ier, que du Cerceau père
aurait gravé et joint à la vue de l'ancien château
de Saint-Germain en Laye, celle projetée de cette
nouvelle construction,

Puisque le plan et l'élévation du château construit par Baptiste du Cerceau ne ressemble en
rien, comme disposition générale et comme distribution, à celui gravé par son père, et qu'en
outre, ce dernier plan renferme un bien plus
grand nombre de pièces de forme circulaire,
dont une, encore existante à rez-de-chaussée,
décorée en grotte, a vue sur la rivière (1).

(1) Ce monument, bien conservé, est le plus curieux de
ceux qui existent dans cette ville.

Pourquoi j'engage les amateurs de cette architecture à
l'aller visiter, dût-il leur en coûter un léger repas chez le
restaurateur dans la maison duquel est enclavée cette grotte,
ainsi qu'un fort beau salon au premier étage.

Nota. D'après des renseignements pris par moi à la mairie de
Saint-Germain en Laye, il paraît constant qu'en 1793, le comte
d'Artois, qui possédait ce château à titre d'apanage, le fit démolir pour en vendre les matériaux, ainsi que le terrain sur lequel

il était construit, et ceux des jardins qui s'étendaient jusqu'à la rivière.

Nota. Ces faits et événements étant les seuls authentiques que j'aie recueillis dans les ouvrages des auteurs qu'à ce sujet j'ai consultés, je ne dirai rien de plus sur la vie artistique de cet architecte, puisque ce que rapportent seulement de du Cerceau père, Vergnaud Romagnesi et Polluche, tous deux historiens de la ville d'Orléans, ville où naquit cet architecte, n'est qu'un tissu de redites sans preuves dont il est inutile de s'occuper.

Nota. J'ignore s'il existe encore, dans Paris, quelques descendants de la famille de du Cerceau; mais on lit dans le *Nouvel abrégé chronologique de l'histoire de France*, par Antoine Fantin des Odoars, le continuateur de celui du président Hénault, qu'en 1730 il mourut à Paris un littérateur nommé Jean-Antoine du Cerceau, dont les ouvrages, contenus dans deux volumes in-8°, ont été réimprimés à Paris en 1828, et, à ma connaissance, vendus publiquement chez le libraire Silvestre, en 1840.

Dupérac.

Dupérac naquit à Paris au commencement du
xviᵉ siècle. Il étudia à Rome la peinture, la sculpture et l'architecture. De retour en France, cet
architecte dédia à Marie de Médicis un ouvrage
ayant pour titre : *Vues perspectives des jardins
de Tivoli* (1).

(1) Nous avons également de lui un autre ouvrage ayant
pour titre : *I Vestigii dell' Antichita di Roma*, ouvrage
très-intéressant, publié à Rome, par de Rossi, en 1653.

Cette heureuse inspiration l'ayant fait connaître à la cour, Henri IV le nomma son architecte, et lui confia le soin de décorer la salle des bains du château de Fontainebleau, dans laquelle il peignit cinq sujets de dieux marins et les amours de Jupiter et de Calisto.

Ces premiers travaux terminés, ce roi, en 1595, le chargea de la construction du pavillon de Flore, aux Tuileries;

Construction qu'il ne termina point, mais qui fut continuée après sa mort, arrivée en 1601, et complétement achevée par Baptiste du Cerceau fils, qui, à dater de cette époque, devint l'architecte particulier de Henri IV.

Nota. Ces notes sur Dupérac sont de M. Duchesne, prévôt des bâtiments de la couronne, et écrites par lui en tête d'un volume in-folio qui lui a appartenu, ainsi que le prouve son chiffre, lequel volume fait en ce moment partie de ma bibliothèque.

Primatice.

Bien que François Primatice et Sébastien Serlio, tous deux nés à Bologne, le premier en 1490,
et le second en 1518, ne puissent être rangés,
suivant moi, dans la classe des architectes français du seizième siècle, attendu leurs origines
étrangères,

Cependant, comme ces deux artistes ne vin-
rent successivement en France qu'à la sollicitation
de François 1er, faits dont n'ont parlé que con-
fusément les biographes anciens et modernes,

8

Je vais, pour y suppléer, faire connaître à mes lecteurs, à l'aide d'actes authentiques, les époques où ils furent successivement appelés par ce roi, le restaurateur des beaux-arts en France, et le rang qu'ils occupèrent parmi les architectes français de cette époque.

Et pour le faire méthodiquement, je vais commencer par Primatice, le plus âgé de ces deux architectes, et le premier qui vint en France à la demande de François Ier.

Primatice, que son goût pour la peinture et l'architecture avait déterminé à renoncer au commerce qu'il faisait dans sa ville natale, pour s'occuper exclusivement de l'étude de ces deux arts, s'y livra avec tant d'ardeur, que sa réputation de haute capacité, qui d'abord s'était répandue dans toute l'Italie, étant parvenue à la connaissance de François Ier, ce prince s'empressa de l'appeler près de lui, en 1538, pour l'aider de ses conseils, afin de mettre à exécution le projet qu'il avait conçu à son avénement au trône, celui d'introduire en France le goût des sciences et des beaux-arts, et, en même temps, d'extirper la barbarie dans laquelle alors était plongé le peuple que le hasard de sa naissance l'avait appelé à gouverner.

Puis, pour hâter l'exécution de ce généreux

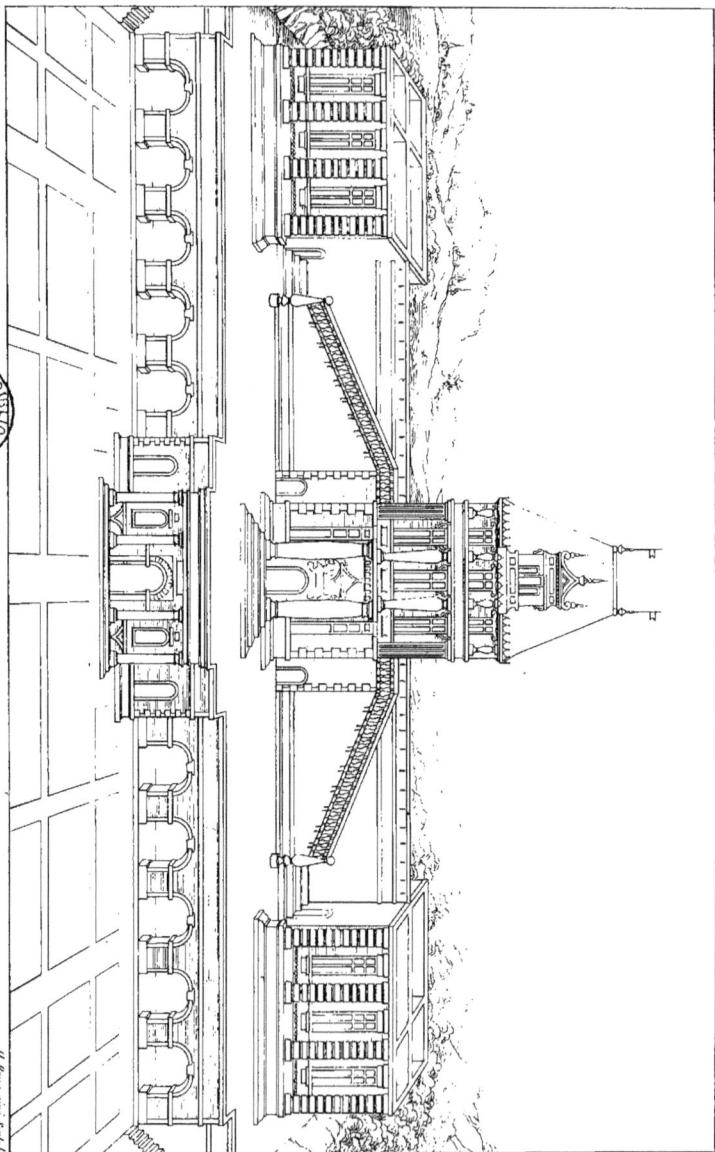

GROTTE DE MEUDON

Construite par le Primatice

H. Rome aine sculp.

et louable projet, ce prince l'envoya en Italie, en 1540, pour y faire, en son nom, l'acquisition d'un choix de monuments antiques de tous genres, soit en bronze, soit en marbre, pour servir de modèles aux artistes qu'il voulait former, et en même temps propres à orner, soit extérieurement, soit intérieurement, son château de Fontainebleau, qu'il faisait terminer par Serlio, qu'à cet effet il avait de même fait venir de Bologne.

Satisfait, à ce qu'il paraît, de la manière dont Primatice s'était acquitté de cette mission, et de la belle exécution de la grotte de Meudon, près de Paris, dont cet artiste, comme architecte (1), avait donné les dessins et suivi les constructions,

François Ier, pour lui donner un témoignage non douteux de son contentement, le nomma d'abord abbé de Saint-Martin de Troyes, puis, ensuite, lui confia la surveillance de divers travaux de construction, et de la décoration de la salle de bal du château de Fontainebleau, dont il peignit avec beaucoup de succès le très-grand plafond, fonctions dans l'exercice desquelles le maintint Henri II après la mort de François Ier,

(1) On trouve de cette grotte une très-jolie gravure dans le volume in-folio de l'Œuvre de Châtillon Châlonnais dont j'ai parlé précédemment.

8.

son père, et qu'ensuite François II, son petit-fils, non-seulement confirma par des lettres patentes, données à Paris, le 12 juillet 1559, deux jours après son avénement au trône, ainsi que je l'ai fait connaître, mais encore étendit, en le chargeant seul de l'achèvement du tombeau de François Ier à Saint-Denis, qu'il construisait conjointement avec Philibert Delorme, et de tous les travaux que cet architecte faisait exécuter ou surveillait pour le compte du gouvernement, en destituant en même temps ce dernier, ainsi que son frère Jean Delorme, des places de superintendants des bâtiments de la couronne, auxquelles Henri II, son père, les avait nommés.

Ce fut après avoir rempli dignement ces nombreuses fonctions, dans l'exercice desquelles le maintinrent de même Charles IX et Henri III, que, parvenu à l'âge de quatre-vingts ans, Primatice mourut, regretté de tous ceux qui l'avaient connu, et que surtout il avait généreusement obligés, soit en faisant un noble usage de sa grande fortune, soit en aidant de même et de ses conseils les jeunes hommes qui, inspirés par lui, s'étaient livrés à l'étude des sciences et des beaux-arts, dont il était devenu le protecteur.

Sébastien Serlio.

SÉBASTIEN SERLIO, né à Bologne en 1518, et issu, ainsi qu'il est permis de le croire, d'une famille peu riche, s'occupait de mettre en ordre le manuscrit de Balthazar Perrugi, qui lui avait enseigné l'architecture, lorsqu'à la recommandation de Primatice, son compatriote, que François Ier affectionnait particulièrement, ce roi le fit venir en France, en 1541, pour terminer les travaux du château de Fontainebleau, commencés en 1534, château qu'il désirait habiter le plus promptement

possible pour se rapprocher de sa maîtresse la
belle la Féronnière, pour laquelle il venait de
faire construire à Moret, près de sa résidence,
une délicieuse maison de campagne, par l'un des
architectes italiens qu'il avait amenés à sa suite (1).

Arrivé à Fontainebleau, François Ier le logea
dans le château et de suite lui fit compter une
somme d'argent considérable pour le dédomma-
ger des frais qu'il supposait que cet architecte
avait dû faire pour venir de Bologne en France,
bien qu'à cette époque ce roi fît de grands pré-
paratifs de guerre pour punir Charles-Quint de
l'avoir grandement offensé, en faisant assassiner,
à Milan, Rinçon et de Frégose, deux de ses am-
bassadeurs qu'il envoyait l'un à Venise et l'autre
à Constantinople.

Puis ensuite, pour assurer à Serlio une existence honorable, François Ier ajouta à ces doubles
bienfaits un traitement de quatre cents francs

(1) C'est dans cette luxurieuse maison que la Féronnière
inocula à François Ier le germe de la maladie dont il mourut.
(Brantôme, *Femmes galantes.*)

Nota. Un prétendu amateur de l'architecture de la renaissance
a fait démolir, il y a quelques années, le mur de face intérieur de
la cour de cette maison, pour en décorer la façade d'une cassine
inhabitée qu'il a fait construire, avenue du Cours-la-Reine, aux
Champs-Élysées.

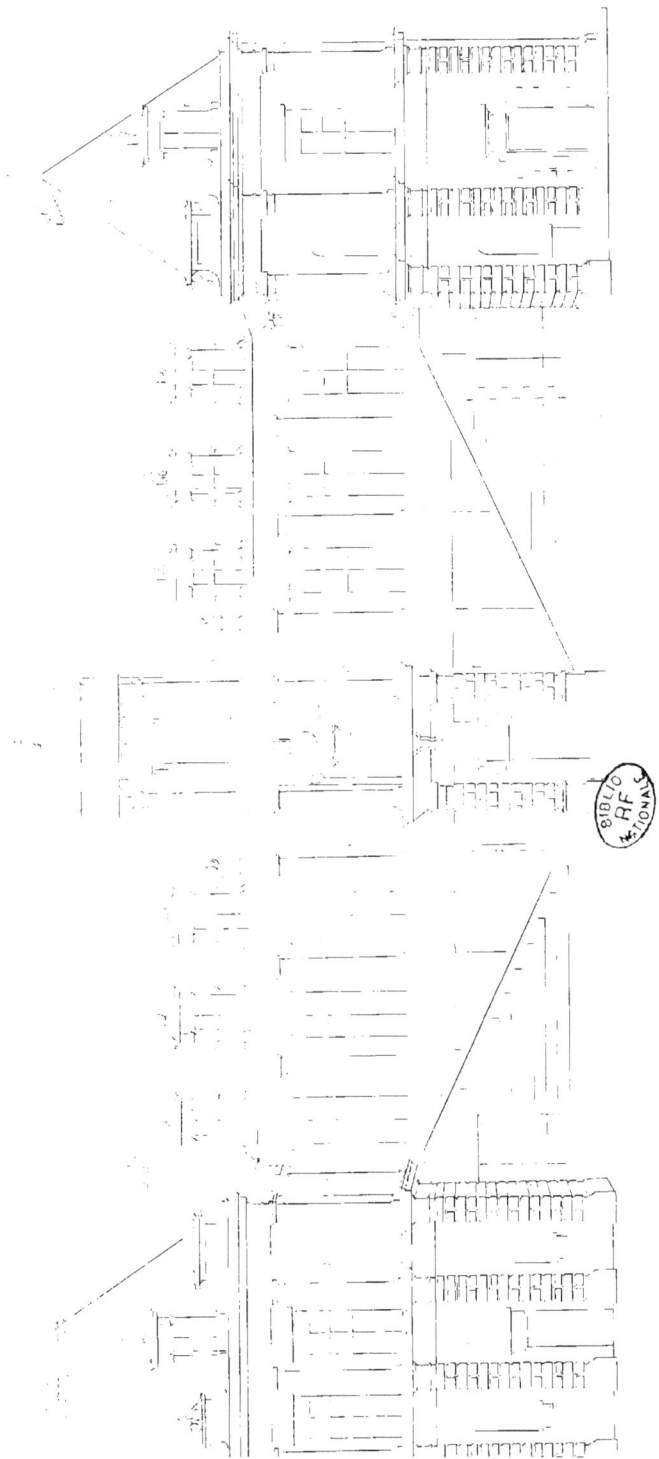

Il Rosso inv: sculp!

VUE DE FONTAINEBLEAU, CÔTÉ DU CANAL.

portion construite par Serlio

par an, et de plus vingt sous pour chaque vaca-
tion qu'il emploierait à visiter les bâtiments dé-
signés dans les lettres patentes ci-jointes (1).

(1) *Lettres patentes données à Fontainebleau, par Fran-
çois Ier, le 27 décembre 1541.* — François Ier, par la grâce
de Dieu, roi de France, à notre amé et féal notaire et se-
crétaire maître Nicolas Picart, par nous commis à tenir le
compte à faire le payement des frais de nos édifices et bâtiments de Fontainebleau, Boulogne, Villers-Cotterets,
Saint-Germain en Laye, et autres lieux, salut et dilection.

Nous voulons et vous mandons, que des deniers qui par
nous seront ordonnés, pour convertir et employer au fait
de votre commission de nos édifices et bâtiments dudit
Fontainebleau, vous payiez, bailliez et délivriez comptant
dorénavant par chacun an, à commencer au premier janvier
prochain venant et continuer d'an en an, et par les quatre
quartiers d'icelles, à notre cher et bien aimé Bastionel Serlio, peintre et architecte du pays de Bologne la Grâce, la
somme de 400 f., et par chacun d'iceux quartiers 100 l. que
nous lui avons ordonnées et ordonnons par ces présentes,
pour ses gages et entretennement en notre service, par
chacun an, à cause de sondit état de notre peintre et archi-
tecteur ordinaire au fait de nos édifices et bâtiments audit
Fontainebleau, auquel nous l'avons pour ce retenu.

Et outre par-dessus iceux gages, lui payer les journées
qu'il pourra vacquer à la visitation de nos autres édifices
et bâtiments, que nous lui avons verbalement commandé
visiter aucune fois, à raison de 20 sols que nous lui avons
taxés par cesdites présentes, et voulons lui être par vous

Et tel était alors l'engouement de la cour pour
Serlio, que malgré la surabondance de ces généreux traitements, Marguerite de Navarre, sœur de
François Ier, crut devoir y ajouter des bienfaits
innumérables, ainsi que cet architecte le déclare
en présentant à François Ier, son bienfaiteur, les
deux premiers livres de ses œuvres, contenant,
l'un ses *Leçons de géométrie,* et l'autre son *Traité
de perspective,* dont le texte italien, traduit en
français par Jean Martin, fut imprimé à Paris
en 1545.

Tant de moyens d'heureuse existence accumu-
lés tout à coup sur la tête de Serlio, mais d'une
durée tellement précaire que cet architecte pouvait lui-même l'évaluer, loin de le déterminer,
pendant ses moments de loisirs, à se créer une
riche et nombreuse clientèle, laquelle, en l'employant utilement, l'aurait mis à l'abri des caprices de la fortune, produisirent sur son esprit un
effet tout opposé;

Car, dominé par l'habitude du *far niente,* en
général si chéri des Italiens, Serlio se contenta,

---

aussi dorénavant payés des deniers qui vous seront pareil-
lement ordonnés pour convertir ou faire d'iceux bâtiments,
dont nous entendons icelui Serlio être cru par sa simple
quittance certificatoire, quant à cesdites vacations, etc.
(*Manuscrit de la Bibliothèque royale,* n° 1.)

ainsi qu'il le déclare dans sa dédicace déjà citée, *de remplir exactement les devoirs qui lui étoient imposés par sa place, et puis ensuite, pour employer le temps qui lui restoit, à composer ses livres d'architecture,* c'est-à-dire les cinquième, sixième et septième livres de ses traités, faisant le complément du volume de ses œuvres d'architecture, dont, *faute de moyens,* ainsi qu'il l'avoue dans cette même dédicace, *il n'avoit pu s'occuper pendant sa résidence en Italie;*

Productions d'ailleurs peu dignes des leçons que lui avait données son habile maître Balthazar Perrugi.

C'est donc à cette imprévoyance de Serlio qu'il faut attribuer l'origine des maux dont il fut ensuite accablé, lorsque François Ier étant mort le dernier jour de mars 1547 (1), Philibert Delorme, le protégé de Henri II, auquel peut-être cet architecte avait fait remarquer (2) la négligence que Serlio avait apportée à l'exécution des travaux dont son père l'avait chargé, vint tout à coup, muni des lettres patentes que ce roi avait rendues à cet effet (3), prendre possession du château

(1) Le président Hénault, *Abrégé de l'histoire de France.*

(2) Avec l'espoir de lui succéder.

(3) *Lettres patentes, en date du 3 avril* 1548. — Henri, par la grâce de Dieu, roi de France, à notre amé et féal

de Fontainebleau, dont il expulsa Serlio qui l'habitait depuis environ six années.

conseiller, aumônier ordinaire, maître Philibert Delorme,
notre architecte ordinaire, salut.

Pour ce que nous voulons savoir et entendre comme le
feu roi notre très-honoré seigneur et père a été servi en
ses bâtiments de Fontainebleau, Saint-Germain en Laye,
Villers-Cotterets, Yerres, et le bois de Boulogne, dit Madrid,

A cette cause, pour la bonne et entière confiance que
nous avons de votre personne, et de vos sens, suffisance,
loyauté et grande expérience en l'art d'architecture, prud'-
hommie et bonne diligence,

Nous vous avons, par ces présentes, commis et député,
commettons et députons par ces présentes, pour vous transporter sur les lieux desdits bâtiments dessus nommés; et
icelui appeler tels personnages experts que vous aviserez,
les faire visiter et toiser, savoir et vérifier si les ouvrages
ont été bien et duement et loyalement faits, s'il n'y a point
eu aucunes malversations et abus, tant à la conduite des
ouvrages que toisages d'iceux, et ce faisant contraindre ou
faire contraindre par toutes voyes ou manières.

En tel cas requérir les maçons, charpentiers et autres, etc.;

*Le surplus, dont je ne parle point, n'étant qu'une répé-
tition ennuyeuse de ce qui vient d'être dit, à l'égard des
ouvriers.*

Autre lettre patente, donnée le 29 janvier 1549, par
Henri II, relativement aux réparations à faire au château
de la Muette, dans la forêt de Saint-Germain en Laye,
réparations qui, quelques années après, causèrent de si
vifs chagrins à Philibert Delorme, et par suite, à son frère,

Sans occupation dans cette ville, et peut-être humilié de la situation perplexe dans laquelle il s'y trouvait, Serlio prit le parti de se retirer à Lyon, pour se procurer dans cette riche et populeuse cité de nouveaux moyens d'existence.

Mais il paraît qu'après y avoir séjourné pendant environ trois années, Serlio s'étant aperçu que, loin de répondre à son attente, cette résidence lui était devenue onéreuse,

Ce fut alors que cet architecte prit le parti désespéré de retourner à Fontainebleau, probablement avec l'espoir d'obtenir dans cette ville quelques secours de ceux qu'il avait obligés alors qu'il était en grande faveur auprès de François Ier son protecteur.

Toutefois, s'il faut en croire les historiens de cette époque, Serlio, à son retour dans cette ville, n'y retrouva que des ingrats ou des indifférents,

Puisque ce fut après avoir consommé l'argent que Jérôme Strada lui avait offert pour son manuscrit, que, privé de tous moyens d'existence, cet architecte mourut dans la plus profonde misère, en 1578, à l'âge de soixante ans, ingratitudes et mort prématurée qui auraient permis de douter

Jean Delorme, ainsi que je l'ai fait connaître précédemment. (Manuscrit de la bibliothèque royale, Supplément n° 182, verso 158.)

de la régularité de la conduite de Serlio, si Philibert Delorme, pour réparer, autant que possible,
la faute qu'il avait commise envers cet architecte,
en le privant aussi brusquement de ses moyens
d'existence, n'eût consacré à son éloge les lignes
suivantes, que l'on trouve page 202 *bis* de son
volume, en parlant du Colisée de Rome.

Je vous metterois bien icy devant les yeux, tout
le susdit Coliset et amphithéâtre, avec les ordres
des colonnes, ainsi que je les ai mesurés, mais
pour autant que vous le pouvez voir imprimé
en plusieurs sortes avec les ornements, tant pour
le plan que pour la montée, et aussi la perspec-
tive, il m'a semblé qu'il n'est besoin de vous en
donner autre dessin ou histoire,

Attendu que messire Sébastien Serlio l'a fait
imprimer en son livre, ainsi que chacun le peut
voir, avec plusieurs autres antiquités, étant le
tout en bon ordre.

C'est lui qui le premier a donné aux François,
par ses livres et dessins, la cognoissance des
édifices antiques, et de plusieurs fort belles in-
ventions, étant homme de bien, ainsi que je l'ai
cognu, et de fort bonne ame, pour avoir donné
et publié de bon cœur ce qu'il avoit mesuré et
retiré des antiquités.

Au surplus, pour savoir si les mesures sont

partout vrayes et légitimes, je m'en rapporte à
ceux qui sont bons juges pour les avoir vues sur
les lieux.

Nota. J'ai de Serlio trois éditions : la première, in-folio,
imprimée à Paris en 1545, contenant ses traités de géométrie et de perspective, dont le texte italien a été traduit en
français par Jean Martin;

La seconde, format petit in-folio, avec texte italien, imprimée à Venise en 1569, auquel volume, composé de cinq
livres, on a ajouté ses compositions de portes et fenêtres,
formant un livre particulier, le tout imprimé de même à
Venise en 1568;

Et la troisième, petit in-quarto, imprimée à Venise en
1584, laquelle contient les œuvres complètes de cet architecte.

FIN.

TABLE.

www.ingramcontent.com/pod-product-compliance
Lightning Source LLC
Chambersburg PA
CBHW052101090426
42739CB00010B/2272